Helmut Maucher

Marketing ist Chefsache

Helmut Maucher

Marketing ist Chefsache

Von der Kunst, ein Weltunternehmen zu führen

ECON Verlag
Düsseldorf · Wien · New York · Moskau

Unter redaktioneller Mitarbeit von Dr. Hans Ziegler, Köln.

Die Deutsche Bibliothek – CIP-Einheitsaufnahme

Maucher, Helmut: Marketing ist Chefsache: Von der Kunst, ein Weltunternehmen zu führen/Helmut Maucher. – 2. Aufl. – Düsseldorf; Wien; New York; Moskau: ECON Verl., 1993. ISBN 3-430-16371-4

2. Auflage 1993
 Lektorat: Dr. Wolfgang Stock. Gesetzt aus der Century, Linotype. Satz: Lichtsatz Heinrich Fanslau, Düsseldorf. Papier: Papierfabrik Schleipen GmbH, Bad Dürkheim. Druck und Bindearbeiten: F. Pustet, Regensburg. Printed in Germany. ISBN 3-430-16371-4

Inhalt

Vorwort

Dieses Buch ist zu einem Zeitpunkt entstanden, an dem ich seit fast dreißig Jahren in verschiedenen Managementpositionen tätig bin, davon die letzten elf Jahre an der Spitze von Nestlé. Ich habe meine Erfahrungen und Einsichten, meine Überzeugungen und Prinzipien zusammengetragen, die ich in diesen Jahren gewonnen und von denen ich mich habe leiten lassen.

Sie werden feststellen, daß nichts aus Managementlehrbüchern abgeschrieben wurde. Sie finden nichts über Managementtheorien und Modeerscheinungen, die uns in den letzten Jahren und Jahrzehnten beschäftigt oder heimgesucht haben. Sie werden sich nicht ergötzen können an neuen Ausführungen über den »kooperativen Führungsstil«, über neue »Management by...«-Theorien.

Vergebens werden Sie auch Antworten suchen auf technische oder methodische Fragen, wie Anwendung der Deckungsbeitragsrechnung, die bessere Nutzung von Computern im Management oder in der Betriebssteuerung, eine vollständige Aufzählung der Elemente des Marketingmix oder wie ein Personalbeurteilungsbogen aussehen sollte.

Dies ist ein sehr persönliches Buch, und Sie werden sicher nicht mit allem einverstanden sein. Es stammt aus der Feder eines Praktikers, der nicht nur »Management by objectives« betrieben hat, sondern auch – mit unverhohlenem Spaß – »Management by provocation« oder »Management by interview«, und der in seiner langjährigen Praxis zu dem Schluß gekommen ist, daß leider wesentliche Sachen für den letztlichen Erfolg im Management weder in den einschlägigen Büchern stehen noch an den Universitäten gelehrt werden. Management heißt ja auf deutsch »Führungs*kunst*« – einer der wenigen Fälle, wo das deutsche Wort den Sachverhalt besser und prägnanter trifft als das englische! Ich will keineswegs den Nutzen der Lehrbücher in Frage stellen und bekenne auch gerne, daß ich in meinem betriebswirtschaftlichen Studium und später aus vielen Werken und Seminaren vieles gelernt und wichtige Anregungen erhalten habe.

Es würde mich freuen, wenn viele in Verantwortung stehende oder angehende Manager dieses Buch nicht nur anregend und bereichernd fänden, sondern wenn es auch Mut machen würde zum individuellen und unternehmerischen Erfolg. In der Marktwirtschaft und in einer freien, leistungsbetonten Gesellschaft gibt es nie Grund zur Resignation oder zum Aufgeben. Vor vielen Jahren habe ich einmal gesagt: In einer Marktwirtschaft wird die Welt jeden Tag neu verteilt.

Wenn Sie auf den folgenden Seiten Hinweise, Orientierungen und Anregungen für eine marktorientierte, verantwortliche Unternehmensführung fänden, dann hat dieses kleine Werk seinen Zweck erfüllt.

Vevey, im Herbst 1992 Helmut Maucher

Die Nestlé-Strategie

Als der Frankfurter Apotheker Heinrich Nestlé 1866 in Vevey begann, Kindermehl zu vertreiben, hätte er wohl nicht zu träumen gewagt, daß 125 Jahre später seine Firma weltweit das größte Unternehmen der Nahrungsmittelindustrie sein würde. Heute ist Nestlé mit über 200 000 Beschäftigten, über 430 Fabriken und über 50 Milliarden Schweizer Franken Umsatz einer der größten Konzerne der Welt.

Es begann alles damit, daß Heinrich Nestlé seiner Geburtsstadt Frankfurt am Main den Rücken kehrte und seinen Wohnsitz 1843 nach Vevey verlegte. Er ließ sich dort als Drogist nieder und verdiente seinen Lebensunterhalt nun mit dem Verkauf von Sämereien, Senf und Petroleumlampen. 1857 schlossen sich schließlich mehrere Geschäftsleute aus Vevey, darunter auch Heinrich Nestlé, zusammen und gründeten einen kleinen Betrieb, der flüssiges Gas und Kunstdünger herstellte.

Schon bald danach wurde Nestlé aber von der damaligen schweizerischen Wohlfahrtsbewegung ergriffen. Die große Säuglings- und Kleinkindersterblichkeit trieben ihn zu immer intensiveren und emsigeren Forschungen nach einem Ersatzstoff für die Muttermilch, den er auch tatsächlich fand: das sogenannte »Kindermehl«. Dieses

wurde durch ein spezielles Trocknungsverfahren aus Milch, gemälztem Getreide und Zucker hergestellt. Das Neue an diesem Verfahren war, daß die Nährstoffe bei diesem Prozeß weitgehend erhalten blieben. Erste Erfolge ließen auch nicht lange auf sich warten. Doch standen skeptische Ärzte und Händler einer Produktion größeren Umfangs im Weg. Als sich die Erfolge bei der Gabe von Kindermehl jedoch häuften, die Nachfrage zwangsläufig immer größer wurde, mußten auch die letzten Kritiker schließlich verstummen – und die Produktion von Kindermehl in einem großangelegten Rahmen konnte endlich beginnen.
Als Heinrich Nestlé im Jahr 1874 im Alter von 61 Jahren ausgelaugt und abgearbeitet sein Unternehmen verkauft, floriert seine Firma, die Produkte erfreuen sich einer regen Nachfrage. Da seine Ehe kinderlos geblieben war, sah er sich gezwungen, einen würdigen Nachfolger für sein Lebenswerk zu finden. Diesen fand er in der neugegründeten Aktiengesellschaft »Farine Lactée Henri Nestlé«.
Die ersten Jahre nach der Übernahme des Betriebes durch die Aktiengesellschaft standen unter dem Vorzeichen der betriebsinternen Neuorganisation, der Forschungen zur Qualitätsverbesserung sowie der Erschließung neuer Produktgruppen.
Ein erster wichtiger Merkstein war die Fusion mit der »Anglo-Swiss Condensed Milk Co.«, die 1866 in Cham (Kanton Zug) vom amerikanischen Gebrüderpaar Charles und George Page gegründet worden war und die der Nestlé-Gesellschaft über Jahre hinweg einen scharfen Konkurrenzkampf geliefert hatte. 1929 erfolgte dann die Eingliederung der Schokoladehersteller Peter, Cailler, Kohler, die den Eintritt des Unternehmens in diesen Sek-

tor einleitete. Mit der Entwicklung des ersten brauchbaren löslichen Kaffees, der 1938 unter der Marke Nescafé angeboten wurde, erweiterte Nestlé seine Palette um ein Produkt, das sich weltweit durchsetzen sollte.
Natürlich zogen die Ereignisse der Zeit nicht spurlos am Konzern vorüber. Vor allem die Weltwirtschaftskrise und die beiden Weltkriege brachten das Unternehmen oftmals in größere Schwierigkeiten, jedoch vermochten sie es nicht, den Nestlé-Konzern aus der Bahn zu werfen. Alle diese Ereignisse konnten zwar den unaufhaltsamen Aufstieg des Unternehmens kurzzeitig verlangsamen, aber auf die Dauer nicht verhindern.
Die Entwicklung nach dem Zweiten Weltkrieg läßt sich grob in drei Hauptphasen unterteilen:

- bis zur Mitte der siebziger Jahre rasches internes Wachstum mit einigen wichtigen Akquisitionen wie Maggi, Findus, Ursina und Stouffer,
- ab zweite Hälfte der siebziger Jahre schwierige Auseinandersetzung mit einer grundlegend veränderten Lage aufgrund der Ölkrise und anderer weltwirtschaftlicher Faktoren,
- ab 1981 neuer Wachstumsschub, Revitalisierung, Rationalisierung, Stärkung der Ressourcen und Beschleunigung des Wachstums (internes Wachstum und aggressivere Akquisitionspolitik).

Zunächst sei aber kurz an die Position Nestlés unmittelbar nach dem Krieg erinnert. Im Jahre 1946 war die Gruppe bereits international tätig, verfügte sie doch über 107 Fabriken in allen fünf Kontinenten. Sie war in vier Bereichen der Nahrungsmittelindustrie aktiv, von denen drei mehr oder weniger direkt mit Milch verbunden waren, nämlich Milchprodukte im engeren Sinne (speziell gezuckerte Kondensmilch), Kindernährmittel (Milchpulver und Diäterzeugnisse) und Schokolade (zu der Nestlé ursprünglich über die Milchschokolade gekommen war). Ein vierter Tätigkeitsbereich, nämlich sofortlösliche Getränke, war überhaupt nicht mit Milch verknüpft. Nestlé hatte diesen Sektor erst im Jahre 1938 mit der Erfindung des sofortlöslichen Kaffees – Nescafé – betreten.

Im Jahre 1947 dehnte die Gruppe ihre Tätigkeit auf einen fünften Sektor außerhalb des Milchbereiches aus, nämlich auf kulinarische Produkte. Nestlé fusionierte mit der Firma Alimentana, einer schweizerischen Gesellschaft, die unter der Marke Maggi Suppen, Brühwürfel und Würzmittel in vielen Ländern herstellte und verkaufte. Obwohl dieser Bereich für Nestlé neu schien, war er doch nicht wirklich fremd, da viele Produkte von Maggi und Nestlé auf der gleichen Trocknungstechnologie basieren.

Während dieses Jahrzehnts tätigte die Gruppe praktisch keine Akquisitionen, wuchs aber gleichwohl beständig: Der Umsatz, in realen Franken gerechnet, verdoppelte sich. Ihre Expansion verlief auf breiter Basis und kontinuierlich auf jedem Kontinent. Hingegen war die Wachstumsrate nach Produktgruppen unterschiedlich. Das rascheste Wachstum verzeichneten die beiden neuesten Produktkategorien der Gruppe, nämlich kulinarische Produkte und sofortlösliche Getränke. So hat sich der Umsatz von Instantkaffee von 1950 bis 1959 praktisch verdreifacht. Im Gefolge dieses rein internen Wachstums kam es zu erheblichen Gewichtsverlagerungen unter den einzelnen Aktivitäten der Gruppe.

Im Verlauf dieser Periode verdoppelte sich der Umsatz –

in realen Schweizer Franken – noch einmal. Allerdings leistete jetzt das externe Wachstum einen bedeutenden Beitrag hierzu. Die Ausdehnung der Aktivitäten der Gruppe erfolgte mit drei Schwerpunkten. An erster Stelle stand die Absicht, innerhalb der Nahrungsmittelindustrie zu diversifizieren. Anstatt sich auf die Befriedigung von nur einigen wenigen menschlichen Ernährungsbedürfnissen zu beschränken, wollte Nestlé eine breitere Produktpalette bereitstellen. Zudem schien es angebracht, die technologischen Verfahren zu erweitern und neben getrockneten Produkten auch nach anderen Verfahren hergestellte Erzeugnisse ins Angebot aufzunehmen. Schließlich wollte die Gruppe in jene Bereiche der Nahrungsmittelmärkte eindringen, die für die Zukunft am aussichtsreichsten erschienen.
Diese Bestrebungen führten in der Zeit von 1960 bis 1974 zu einer großen Zahl von Übernahmen und Beteiligungen in den sieben Produktbereichen. Fünf davon – die Tiefkühlprodukte, gekühlte Produkte, Mineralwasser, kalifornische Weine und Restauration – befanden sich im Trend und schienen ein außerordentlich hohes Wachstumspotential anzubieten.
Die sieben Produktbereiche waren im einzelnen:

- *Konservenprodukte*

Im Jahre 1960 Übernahme der britischen Firma Crosse & Blackwell (Dosensuppen, gebackene Bohnen in Dosen). Im Jahre 1963 Beteiligung an Libby, McNeil & Libby in den Vereinigten Staaten (Frucht-, Gemüse- und Fleischkonserven). Eher aufgrund der Umstände als gezielt erhöhte sich diese Beteiligung ständig, um im Jahr 1976 die 100 Prozent zu erreichen.

• *Speiseeis*
Zusammen mit französischen Partnern gründete Nestlé 1960 die Firma France-Glaces. Beteiligungen wurden erworben an Jopa in Deutschland (1960) und an Delasa in Spanien (1963); beide wurden später voll übernommen.

• *Tiefkühlprodukte*
Im Jahre 1962 wurde eine Beteiligung von 80 Prozent (1969 100 Prozent) an Findus International erworben, einem Unternehmen schwedischen Ursprungs, das damals hauptsächlich in Skandinavien und in England tätig war; im Jahre 1973 Akquisition der Firma Stouffer in den USA.

• *Gekühlte Produkte*
Zunächst wurde im Jahre 1968 eine Minderheitsbeteiligung an der Firma Chambourcy in Frankreich (Joghurts und Desserts) mit der Absicht erworben, deren Aktivitäten in der Folge auf andere Länder auszuweiten.

• *Mineralwasser*
1968 Minderheitsbeteiligung an Vittel in Frankreich; 1969 Akquisition von Deer Park in den Vereinigten Staaten, 1970 von Allan Beverages in Kanada und 1974 der Blauen Quellen in Deutschland. Übernahme der Edelmarke Perrier im Jahre 1992.

• *Restaurants*
1970 Aufbau der Eurest-Organisation in Europa in Form eines Gemeinschaftsunternehmens mit der Compagnie Internationale des Wagons Lits et du Tourisme. Im Jahre 1971 Mehrheitsbeteiligung an der Cahills-Restaurantkette in Australien. Die beiden Gründe für den Eintritt Nest-

lés in den Restaurantsektor waren zum einen der allmähliche Wandel im Nahrungsmittelkonsum – immer mehr Mahlzeiten werden außer Haus eingenommen – und zum anderen der Wunsch, unmittelbare Erfahrungen mit Lebensmitteln für Großkonsumenten zu gewinnen.

- *Kalifornische Weine*

Erwerb von Weinbergen und der Weinmarke Beringer im Jahre 1971.

Schubkräfte des Wachstums

Die Expansion der Gruppenaktivitäten setzte sich 1971 beim Zusammenschluß mit der Schweizerischen Ursina-Franck-Gesellschaft fort, die in vielen Ländern vertreten war, hauptsächlich mit Milchprodukten und Kindernährmitteln, aber auch mit kulinarischen Produkten. Nestlé ging davon aus, daß die Zusammenführung der beiden Gruppen erhebliche Synergien ermöglichen würde, hauptsächlich in der Produktion, in der Distribution und im Verkauf (besonders im Export angesichts der harten Konkurrenz). Die spätere Erfahrung bestätigte die Richtigkeit dieser Einschätzung.
Und schließlich der dritte Schwerpunkt des externen Wachstums: die Diversifikation außerhalb des Lebensmittelbereiches. Diese bezog sich auf die französische L'Oréal-Gruppe, eine der größten Haarpflegemittel- und Kosmetikfirmen der Welt. Die Mehrheit des Kapitals von L'Oréal liegt bei der französischen Gesparal Holding, an der sich Nestlé im Jahre 1974 mit 49 Prozent beteiligte. Die übrigen 51 Prozent werden von Frau Bettencourt, der Tochter des Gründers von L'Oréal, gehalten. Auf die-

se Weise bereitete Nestlé den Weg für ein Wachstum auf sehr lange Sicht. Zwar unterscheidet sich die Betätigung im Bereich der Haar- und Schönheitspflegemittel von der Nahrungsmittelindustrie. Da es sich in beiden Fällen aber um Produkte »rund um den menschlichen Körper« handelt, ist der Marketingansatz ähnlich. Die Wachstumsaussichten waren sehr günstig. Kurz gesagt: L'Oréal war ein außerordentlich willkommener Partner.

Obwohl die Gruppe in der Zeit von 1960 bis 1974 in hohem Maße durch externes Wachstum expandierte, sollte nicht übersehen werden, daß sich auch das interne Wachstum fortsetzte. Vor allem der Absatz von löslichem Kaffee entwickelte sich rasch; die Absatzmenge vervierfachte sich von 1960 bis 1974.

Das Wachstum verlangsamte sich danach. Die reale Umsatzsteigerung zwischen 1975 und 1980 belief sich auf 20 Prozent. Im Verlauf der siebziger Jahre verschlechterte sich die weltwirtschaftliche Situation drastisch und tiefgreifend. Mit dem ersten Erdölschock kam das Ende einer langen Periode des schnellen und regelmäßigen wirtschaftlichen Wachstums, die Krisenjahre begannen. Die Arbeitslosenquote in den OECD-Ländern stieg von 3,5 Prozent der Erwerbspersonen im Jahre 1974 auf 5,1 Prozent im Jahre 1975 und erreichte 1980 5,7 Prozent.

Die Preise schossen in die Höhe. Die Industrieländer sahen sich zweistelligen Inflationsraten gegenüber. In einigen Entwicklungsländern begann die Inflation zu galoppieren, so in Brasilien, wo die jährliche Inflationsrate von 15 Prozent in den Jahren 1972 und 1973 auf 80 Prozent im Jahre 1980 kletterte.

Nach der Aufgabe der Dollar-Gold-Konvertibilität kam es zu einer Destabilisierung der Wechselkurse, und alle fremden Währungen verloren gegenüber dem Schweizer

Franken an Wert. Zwischen Ende 1974 und Ende 1980 büßten das Pfund Sterling, der französische Franc und der US-Dollar je 32 Prozent ihres Wertes in Relation zum Schweizer Franken ein, während die Deutsche Mark 15 Prozent verlor. Der brasilianische Cruzeiro fiel um 92 Prozent (von 0,35 Franken auf weniger als 0,03 Franken).

Schließlich explodierten auch die Preise von zweien der für Nestlé wichtigsten Rohstoffe. Von 1975 bis 1977 vervierfachten sich die Kaffeepreise infolge der Fröste, welche die brasilianischen Plantagen im Juli 1975 zerstört hatten. Aufgrund einer weiteren Verstärkung des Ungleichgewichts zwischen Angebot und Nachfrage, das sich bereits zuvor über einige Jahre hinweg aufgebaut hatte, stiegen die Kakaopreise in der gleichen Periode auf das Dreifache.

In der zweiten Hälfte der siebziger Jahre setzte sich das interne Wachstum der Gruppe fort. Es kam vor allem in den Entwicklungsländern zum Ausdruck. Eine wesentliche Verbesserung der Kaufkraft in gewissen Ländern der Dritten Welt – darunter sowohl die ölexportierenden Staaten als auch jene Länder, die sich dank massiver Auslandsanleihen rasch entwickelten – belebte die Nachfrage für Nestlé-Produkte. Die Gruppe unternahm besondere Anstrengungen, um ihre Aktivität in diesen Ländern voranzutreiben.

Während dieser Periode spielte das externe Wachstum nur eine sekundäre Rolle. Die allgemeine wirtschaftliche Lage regte nicht zu Akquisitionen an. Vor allem aber banden die beträchtlich gestiegenen Rohstoffpreise einen großen Teil der Finanzmittel der Gruppe als *Working Capital*. Ihr Aktionsspielraum war daher stark eingeschränkt.

In der zweiten Hälfte der siebziger Jahre führte die Akquisitionspolitik zum Erwerb der amerikanischen Gesellschaft Alcon Laboratories (1977), einer Spezialfirma für Medikamente und Augenpflegeinstrumente. Diese Akquisition erfolgte im Rahmen einer Strategie der geographischen Umgewichtung. Die Nestlé-Aktivitäten wuchsen in den Entwicklungsländern schneller als in den Industriestaaten. Um zu verhindern, daß diese unterschiedlichen Wachstumsraten allmählich zu einem übergroßen Anteil der Länder der Dritten Welt am Gesamtumsatz der Gruppe führten, waren Gegengewichte zu schaffen. Nestlé wollte daher rasch wachsende Firmen in den Industrieländern übernehmen. Dies war bereits 1973 mit dem Erwerb des Stouffer-Tiefkühlgeschäfts und 1974 mit der Beteiligung an L'Oréal geschehen. Die Akquisition von Alcon stellte einen weiteren Schritt in diesem Ausgleichsprozeß dar.
Die Tatsache, daß L'Oréal ihr Interesse auf die Pharmakologie (Synthélabo) ausdehnte, hat indirekt dazu beigetragen, Nestlé mit diesem Gebiet vertraut zu machen. Die Wahl fiel auf die Firma Alcon, die Marktführer innerhalb ihres Spezialbereichs war, eine ausgezeichnete Gewinnrate aufwies und sehr schnell wuchs. Nestlé konnte Alcon später durch die Finanzierung anderer Akquisitionen im gleichen Feld helfen. Diese nachfolgenden Übernahmen versetzten Alcon in die Lage, ihre Aktivitäten abzurunden und außerhalb der Vereinigten Staaten, speziell in Europa, weiterzuentwickeln.
Tatsächlich übernahm die Gruppe in den folgenden Jahren zahlreiche Augenmedikamentefirmen, beginnend mit einer amerikanischen Gesellschaft, Burton Parsons (Lösungen zur Pflege von Kontaktlinsen), im Jahre 1979.

Die zweite Hälfte der siebziger Jahre war eine Periode, in der Nestlé mit schwierigen Problemen fertig werden mußte. In den Industrieländern sah sich Nestlé nicht nur dem langfristigen Trend einer sich verlangsamenden Verbrauchsentwicklung gegenüber (geringeres Bevölkerungswachstum, schrumpfender Anteil der Lebensmittel an den Haushaltsbudgets), sondern auch einer verschlechterten wirtschaftlichen Lage und einem immer härteren Wettbewerb auf den Märkten. Der Ertrag von Nestlé wurde hierdurch in mehreren Ländern beeinträchtigt. In den Entwicklungsländern war schnelles Wachstum in einem unsicheren und labilen wirtschaftlichen Umfeld riskant. So führten denn auch plötzliche Verluste der Tochtergesellschaft in Argentinien zu einem scharfen Rückgang des konsolidierten Reingewinns im Jahre 1980, der von durchschnittlich 3,7 Prozent in den beiden vorangegangenen Jahren auf 2,8 Prozent vom Umsatz fiel.
Ab 1981 wurde eine Strategie zur Stärkung der Ressourcen der Gruppe in zwei aufeinanderfolgenden Stufen realisiert: zunächst intern durch die Verbesserung der Ertrags- und Finanzsituation und sodann extern mittels bedeutender Akquisitionen.
Es wurde wieder eine gesunde Ertragssituation hergestellt, vor allem durch eine Reihe von bereinigenden Maßnahmen. Die Gruppe strebte an, sich von Erzeugnissen mit geringer Wertschöpfung, die zu sehr den Charakter von Gattungsprodukten trugen, zu trennen. So wurden die Frucht- und Gemüsekonservengeschäfte von Libby's im Jahre 1982 verkauft.
Die Gruppe schied auch dauerhafte Verlustquellen aus, bei denen keine Aussicht auf Besserung bestand. So wurde beispielsweise das Käsegeschäft von Claudel-Roustang in Frankreich 1982 zunächst in ein Gemeinschafts-

unternehmen mit Besnier eingebracht und dann 1985 völlig auf diesen Partner übertragen.
Die Gruppe stieß Geschäfte ab, die ihr Wachstum eher behinderten als förderten. Seit 1981 wurden die verschiedenen Nestlé-Beteiligungen im Restaurantbereich nach und nach verkauft. Tatsächlich ist die Gruppe nunmehr sehr stark bemüht, vor allem im Restaurantsektor den Verkauf ihrer speziellen Großverbraucherprodukte zu entwickeln. Es wäre unlogisch gewesen, hier fortwährend das potentielle Risiko eines Interessenkonflikts einzugehen, nämlich mit Restaurantfirmen zu konkurrieren, die eigentlich als Kunden für die Großverbraucherprodukte gewonnen werden sollten. Ferner hat die Gruppe in einer Reihe von Ländern ihre Produktpaletten mit dem Ziel überprüft, sich mehr auf die stark nachgefragten Produkte zu konzentrieren und schwache oder am Rande liegende Artikel aufzugeben.
Die Ertragssituation wurde auch durch eine Straffung von Organisationsstrukturen und Organisationsmethoden verbessert. Die Produktivität der Gruppe war in der Tat verbesserungsbedürftig. In wettbewerbsintensiven Märkten genügt es nicht, qualitativ hochwertige Produkte anzubieten, sie müssen vielmehr auch zum richtigen Preis verkauft werden. Um dies zu erreichen, müssen die Kosten streng überwacht und so niedrig wie möglich gehalten werden. Zwischen 1980 und 1984 verringerte Nestlé – bei steigenden Umsätzen – das Gesamtpersonal um 10 Prozent. Dies erlaubte – bezogen auf den Umsatz – eine Reduktion der Produktions- und Gemeinkosten. Gleichzeitig entwickelte sich im Management ein flexiblerer und undogmatischerer Führungsstil. Verfahren wurden revidiert und vereinfacht, um sich in den Entscheidungs- und Kontrollprozessen stär-

ker auf die wesentlichen Aspekte konzentrieren zu können.
Um ihre Handlungsfreiheit zurückzugewinnen, war es für die Gruppe entscheidend, wieder eine gesunde Finanzsituation herzustellen. Vor allem konzentrierte sich die Firma auf das *Working Capital*, das ständig größer geworden war und einen übermäßig hohen Kapitalbetrag auf sich zog. Es wurden drastische Maßnahmen ergriffen, die es ermöglichten, die Vorräte und Außenstände zu verringern. Bis 1983 waren diese beiden Positionen im Vergleich zu 1980 nicht nur prozentual, bezogen auf den Umsatz, beträchtlich zurückgegangen, sondern hatten sich auch absolut – trotz höherer Verkäufe – erheblich reduziert.
Zwischen 1981 und 1983 blieben die Investitionsausgaben bescheiden, und die Gruppe wendete auch nur kleine Beträge für Akquisitionen auf. Ein deutlich ansteigender Cash-flow und schließlich auch ein flexibleres und damit effizienteres Finanzmanagement halfen wesentlich mit, die Kassenlage grundlegend zu verbessern.
Der Erfolg dieser Bemühungen wurde sowohl in den Ertragszahlen als auch in der finanziellen Situation sichtbar. So erhöhte sich der Reingewinn von 683 Millionen Franken (2,8 Prozent vom Umsatz) im Jahre 1980 auf 1487 Millionen Franken (4,8 Prozent vom Umsatz) im Jahre 1984. Die liquiden Mittel der Gruppe verdoppelten sich und lagen Ende 1984 bei 6 Milliarden Franken gegenüber 3 Milliarden Franken Ende 1980; zugleich konnten die Bankschulden bis Ende 1984 auf 3 Milliarden Franken verringert werden, während sie sich Ende 1980 noch auf 4 Milliarden Franken belaufen hatten. Die Gruppe wies damit Ende 1984 einen positiven Zinssaldo von 3 Milliarden Franken aus gegenüber einem negativen Saldo von 1 Milliarde Franken Ende 1980.

Stärkung der Wettbewerbssituation

Diese Ergebnisse wurden erzielt, ohne in irgendeiner Weise das mittel- und langfristige Entwicklungspotential der Gruppe zu gefährden. Nestlé hat im Gegenteil während der Zeit, als diese Maßnahmen liefen, auch die Bemühungen zur Stärkung der Wettbewerbsposition intensiviert. Diese Anstrengungen richteten sich vor allem auf das Marketing und die Forschung, die Entwicklung bestimmter Produkte und schließlich auch auf einige Aspekte der Gruppenorganisation.

Die Marketingbudgets wurden ab dem Jahre 1982 beträchtlich erhöht. Dabei wurde nicht so sehr die Verkaufsförderung, die oft nur temporäre Wirkung hat, verstärkt, sondern vor allem die klassische Werbung gefördert, die das Qualitätsimage des Produktes aufbauen und eine möglichst dauerhafte Verbraucherpräferenz für das Produkt sichern sollte.

Zugleich wurden ab 1982 die Aufwendungen für Forschung und Entwicklung erhöht, um so die bestehenden Sortimente zu verbessern und neue Produkte für die Zukunft zu entwickeln. 1982 wurde der Grundstein für das große Nestlé-Forschungszentrum in Vers-chez-les-Blanc in der Nähe von Lausanne gelegt.

In der Produktpolitik setzte die Gruppe zu dieser Zeit neue Trends für die Zukunft. Drei dieser Richtungen sind hier erwähnenswert. Im Kaffeebereich war Nestlé in der Vergangenheit nur an löslichem Kaffee interessiert gewesen, weil dieses Produkt sich erfolgreich verkaufte und gute Erträge abwarf. Ein Eintritt in den Röstkaffeemarkt erschien kaum verlockend, zumal die Gewinne dort im allgemeinen niedriger waren. In jüngerer Zeit zeichnen sich jedoch neue Trends in einer Reihe von Märkten ab, wo sich – infolge Vordringens elektrischer Kaffeemaschinen für die Haushalte – manche Verbraucher vom löslichen Kaffee abkehren und sich wieder dem Röstkaffee zuwenden. Nestlé entschied sich daher für einen Einstieg in den Röstkaffeemarkt, allerdings beschränkt auf einige spezielle Gebiete. Die Erfahrung der Firma im Einkauf (Auswahl der Qualitäten), in den Röstverfahren und im Marketing stellt dabei ein wichtiges Kapital dar. Außerdem wird sich dadurch die Wettbewerbsfähigkeit Nestlés im Verhältnis zu den Hauptkonkurrenten verbessern, die bereits mit einem ganzen Sortiment von Kaffeeprodukten – sowohl Instant- als auch Röstkaffee – operieren. In einigen Märkten (Großbritannien, Japan) hat Nestlé mit der Einführung von Röstkaffee unter eigener Marke begonnen. In anderen Ländern hat es die Gruppe vorgezogen, bestehende Röstkaffefirmen zu erwerben.

Schokolade hatte in den vorangegangenen Jahrzehnten nicht zu den strategischen Prioritäten gezählt, und die Gruppe hatte das Potential dieses Produktbereiches kaum ausgeschöpft. Nunmehr entschloß sich Nestlé, auf diesem Gebiet aktiver zu werden, in der Forschung ebenso wie im Marketing und bei neuen Produkten. Zudem wurde entschieden, die Nestlé-Präsenz auf dem amerikanischen Schokoladenmarkt zu verstärken. Dieser Schritt wurde sowohl durch interne Entwicklungen als auch durch Akquisitionen im Jahre 1984 vollzogen.

Nestlé war seit langem am Großkonsumentengeschäft interessiert, aber auch hier war das Potential nicht voll wahrgenommen worden. Es wurden daher Maßnahmen ergriffen, um diese Tätigkeit künftig weiterzuentwickeln, vor allem durch spezielle Produkte für Großverbraucher und Catering-Organisationen.

Hand in Hand mit diesen verstärkten Marketing-, Forschungs- und Produktentwicklungsmaßnahmen paßte Nestlé auch Strukturen und Verfahren an, um die Einleitung und Durchsetzung von Entwicklungsstrategien zu verbessern. In der Zentrale der Gruppe wurden einige Abteilungen (zum Beispiel diejenige zur Untersuchung möglicher Akquisitionen) ausgebaut, während in anderen Abteilungen (etwa in den für die Produktgruppen zuständigen) neue Arbeitsschwerpunkte gesetzt wurden. Sie sollten sich mehr auf zukunftsgerichtete Projekte konzentrieren als auf die Führung der laufenden Geschäfte, die eher den operativen Gesellschaften in den Märkten obliegt. Ferner wurden die Verfahren zur langfristigen Planung wesentlich modifiziert, vor allem durch Verringerung der formalen Anforderungen – weniger detaillierte Zahlenprognosen –, um das Innovationsklima unter den Marktverantwortlichen zu fördern, Diskussionen anzuregen oder mögliche Alternativen eingehender zu studieren.

Nachdem die Verbesserung der Ertrags- und Finanzsituation gelungen war, konnte Nestlé die seit 1980 dauernde Pause gegen Mitte 1983 beenden und auch wieder Akquisitionen in Erwägung ziehen. Hierfür gab es mehrere Ziele. Zunächst würden es gezielte Übernahmen der Gruppe ermöglichen, ihre Position in einem bestimmten Land oder in einem bestimmten Produktbereich zu verstärken und damit die Wettbewerbsfähigkeit zu steigern.

Die Akquisitionen sollten weiter dazu beitragen, die Nestlé-Präsenz in den Vereinigten Staaten zu erhöhen, dem größten Markt der freien Welt und einem Markt mit beträchtlichem Entwicklungspotential. Die Vereinigten Staaten repräsentierten 1983 lediglich 19 Prozent des Nestlé-Weltumsatzes; zudem war der Umfang des Nestlé-

Geschäftes in diesem Markt – mit einem Umsatz von 2,5 Milliarden Dollar – zu klein, um wirksam gegen viel größere Wettbewerber angehen zu können.
Die Akquisitionen konnten sich auch auf kleine oder mittlere Firmen mit guter Innovationsfähigkeit und spezifischem Know-how, über das Nestlé noch nicht verfügte, richten. Mit ihrer finanziellen Unterstützung und ihren weltweiten Organisationen konnte die Gruppe dann zur Entwicklung der internationalen Aktivitäten dieser Firmen beitragen. Allgemein ausgedrückt konnten die Akquisitionen auch Nahrungsmittelfirmen mit sehr guten Marken und der Möglichkeit zur Verbreitung auf anderen Märkten betreffen. Ein weiteres Ziel war, die beiden Nichtlebensmittelbereiche der Gruppe (Augenheilmittel und Kosmetika) durch Akquisitionen zu stärken.
Wie bereits erwähnt, wollte Nestlé in den Bereichen Schokolade und Röstkaffee aktiver werden. Externe Entwicklungen haben dabei die internen Anstrengungen ergänzt. So hat die Gruppe beispielsweise im Jahre 1984 den Schokoladenhersteller Ward Johnston in den Vereinigten Staaten übernommen. Ebenfalls 1984 erwarb sie auf das Großverbrauchergeschäft spezialisierte Firmen, nämlich Paul B. Beich (in den USA) und Goodhost (in Kanada). Die erstgenannte Firma verkauft Schokolade, die letztere hauptsächlich Röstkaffee. 1985 übernahm Nestlé zwei Kaffeeröster in den USA – Hills Brothers und M. J. B. – und beteiligte sich außerdem an Röstkaffeefirmen in Deutschland (Dallmayr) und in Spanien.

Expansion in den USA

Eine günstige Gelegenheit wurde genutzt, um die Interessen der Gruppe im Kosmetikbereich auszuweiten. Im Jahre 1984 erwarb Nestlé die Firma Warner Cosmetics in den Vereinigten Staaten und verschmolz sie anschließend mit Cosmair Inc. (der Niederlassung von L'Oréal in den USA). Cosmair gelangte so mehrheitlich in den Besitz von Nestlé. Heute ist Cosmair eine der führenden Gesellschaften auf dem amerikanischen Markt für Kosmetika, Hautpflegemittel und Parfüms. Um eine maximale Effizienz in diesem sehr spezifischen Sektor sicherzustellen, beauftragte Nestlé L'Oréal vertraglich mit der Führung der Geschäfte von Cosmair.

Auf dem Gebiet der Augenheilmittel und optischen Geräte machte Nestlé 1984 ein Kaufangebot für Cooper-Vision in den USA, um so die Tätigkeit von Alcon wesentlich auszuweiten. Leider wären durch die Auflagen, die die amerikanische Kartellbehörde (Federal Trade Commission) für ihre Zustimmung machte, die Vorteile dieser Geschäftsausweitung praktisch verlorengegangen, so daß Nestlé schließlich darauf verzichtete.

Nestlés gewichtigste Akquisition war die von Carnation in den Vereinigten Staaten. Die Gesellschaft erzielt einen Umsatz von rund 3,5 Milliarden Dollar (davon drei Viertel in den USA). Sie vertreibt hauptsächlich Milchprodukte, sofortlösliche Getränke, kulinarische Produkte und Tiernahrung. Ein öffentliches Übernahmeangebot, das sich auf 3 Milliarden Dollar belief, wurde im September 1984 unterbreitet; formal wurde der Kauf im Januar 1985 vollzogen. Die Hauptabsicht hinter dem Erwerb von Carnation war die beträchtliche Verstärkung der Präsenz Nestlés in den USA.

Eine Reihe von Grundprinzipien hat die Nestlé-Strategien während der letzten Jahrzehnte beständig geleitet. Ein bestimmter konzeptioneller Rahmen war immer vorhanden, auch wenn die angewandten Strategien von einer Periode zur anderen beträchtlich variierten.
Diese Grundprinzipien kreisen um drei Hauptideen: das Know-how entwickeln und konsequent nutzen, auf lange Sicht handeln, die menschlichen Aspekte berücksichtigen. Die erste Quelle des internen Wachstums ist die Schaffung neuer Produkte und die Verbesserung bestehender Erzeugnisse. Aus diesem Grund hält Nestlé die Forschung und Entwicklung für so bedeutend.
Die Neuerungen spielen eine sehr bedeutende Rolle für das Wachstum der Gruppe. So hat beispielsweise die Erfindung von Nescafé im Jahre 1938 ein neues Tätigkeitsfeld eröffnet. Später haben wesentliche technologische Fortschritte, die die Produktqualität beträchtlich verbesserten, entscheidend zur Steigerung der Popularisierung und des Verbrauchs dieses Produktes beigetragen. In den frühen fünfziger Jahren kam es zur Entwicklung des reinen Instant-Kaffees (ohne Zusatz von Kohlehydraten), Anfang der sechziger Jahre zu neuen Verfahren der Aromaextraktion, Mitte der sechziger Jahre zur Erfindung des gefriergetrockneten Kaffees und schließlich gegen Ende der sechziger Jahre zur Entwicklung des Agglomerationsprozesses (Granulate anstelle der früheren Pulverform).
Neuerungen warfen aber auch gewisse grundlegende Fragen bei einzelnen Aktivitäten auf. Im Milchbereich hatte sich Nestlé lange Zeit auf gezuckerte Kondensmilch spezialisiert. In den frühen sechziger Jahren begann dann die industrielle Herstellung von Milchpulver, das in kalten und heißen Flüssigkeiten leicht löslich war und dessen

Geschmack dem von pasteurisierter Milch sehr nahe kam. Seitdem hat Milchpulver zunehmend den Platz von Kondensmilch eingenommen. Schon in den frühen siebziger Jahren begannen die Milchpulververkäufe Nestlés die von gezuckerter Kondensmilch zu übertreffen. Von 1974 bis 1984 erhöhte sich dann der Milchpulverumsatz um 50 Prozent, während der von gezuckerter Kondensmilch um über 20 Prozent zurückging.

Die andere Quelle des internen Wachstums, nämlich die geographische Ausdehnung der Aktivitäten, ist im Falle von Nestlé besonders wichtig. Dies ist eine Folge der Enge des heimischen Schweizer Marktes (mit nur sechseinhalb Millionen Einwohnern), welche Nestlé schon sehr früh veranlaßte, die Entwicklung der Geschäfte jenseits der Landesgrenzen intensiv zu verfolgen. Im Gegensatz zu Nestlé tätigen die meisten großen amerikanischen Nahrungsmittelfirmen den größten Teil ihres Geschäfts auf ihrem riesigen Heimatmarkt mit 250 Millionen Einwohnern.

Es war immer eine von Nestlés grundlegenden Strategien, ein Produkt zunächst erfolgreich in einen Markt zu lancieren und erst dann seinen Absatz (und oft auch seine Produktion) auf eine ganze Reihe anderer Märkte auszudehnen. Wo nötig, wird das Produkt den nationalen Bedingungen und Geschmacksausprägungen angepaßt.

Es handelt sich dabei um einen Wachstumsprozeß, der sich auf die gegenseitige Befruchtung der Märkte stützt. So wurde löslicher Kaffee anfänglich nur in den Werken der Gruppe in der Schweiz, in Frankreich, Großbritannien und in den Vereinigten Staaten hergestellt. Gegenwärtig produziert Nestlé dieses Erzeugnis in dreißig Ländern. Obwohl zunächst vor allem für Industrieländer mit traditionellem Kaffeekonsum gedacht, wurde Nestlé nach und nach in Ländern außerordentlich populär, wo in der Vergangenheit vor allem Tee getrunken worden war (Großbritannien, Japan). Die Verbraucher entdeckten den Kaffee eher über löslichen Kaffee denn über Röstkaffee. Der Absatz von Nescafé wuchs auch stark in den Ursprungsländern des Rohstoffes (Mexiko, Brasilien, Philippinen), wo löslicher Kaffee neben dem Röstkaffee einen beträchtlichen Marktanteil eroberte.

Akquisitionen sollen zuweilen helfen, in neue Bereiche einzudringen, bestehende Positionen zu ergänzen oder zu verbessern – aber ohne sie übergewichtig zu machen oder die Konkurrenz zu verdrängen. Sie sollten auch zur geographischen und sektoralen Ausgeglichenheit der Nestlé-Aktivitäten beitragen, sie ergänzen Sortiment und Märkte. Dabei müssen sie auch zur Ertragskraft der Gruppe beitragen. Akquisitionen sind jedoch keinesfalls als reine Finanzinvestitionen anzusehen, wie das bei Konglomeraten zu beobachten ist. Wenn Nestlé eine Firma kauft, so deswegen, weil deren Aktivitäten für die Gruppe von Interesse sind und sich auf einem Gebiet bewegen, welches nicht außerhalb des eigenen Erfahrungsbereichs liegt. Manchmal betritt Nestlé allerdings auch neue Felder. Dies traf für den Kosmetik- und den Augenheilkundebereich zu. In solchen Fällen wählt Nestlé Gebiete, die als Anknüpfungspunkte bestimmte mit der angestammten Tätigkeit übereinstimmende Merkmale – beispielsweise Marketing und Forschung – aufweisen. Die Diversifikation bleibt als Konsequenz auf eine sehr geringe Zahl von Gebieten beschränkt.

Wenn die Gruppe ihre Aktivitäten im Nahrungsmittelbereich ausweitet, dann eher über eine horizontale als über eine vertikale Integration. Bezeichnend hierfür ist, daß Nestlé am Pflanzenanbau oder an der Viehzucht nicht beteiligt ist. Die Gruppe hält auch am Lebensmittelhandel keinerlei Anteile. Zu einer Ausnahme von diesem Prinzip war es gekommen, als Nestlé in den siebziger Jahren in das Restaurantgeschäft einstieg. Diese Ausnahme war jedoch nicht von Dauer, da sich die Gruppe – wie schon dargelegt – später aus diesem Geschäft wieder zurückzog, um einen möglichen Interessenkonflikt zu vermeiden.

Langfristige Perspektive

Das wesentliche Anliegen der Nestlé-Gruppe ist die Bewahrung ihrer Fähigkeit, Produkte erfolgreich zu vermarkten und daraus mittel- und langfristig einen befriedigenden Ertrag zu erzielen. Es kann nicht um eine kurzfristige Ergebnismaximierung zu Lasten des langfristigen Potentials gehen. Dies ist eines von Nestlés Grundprinzipien. Dabei ist einzuräumen, daß es bei der Anwendung dieses Prinzips von Vorteil ist, ein Schweizer Unternehmen zu sein. Im Gegensatz dazu sind amerikanische Firmen gezwungen, alle drei Monate Ergebnisrechnungen vorzulegen. Die Finanzanalysten und Investoren von Wall Street halten jede Abweichung von einigen Cents im Gewinn pro Aktie von einer Drei-Monats-Periode zur anderen für sehr bedeutsam. Viele Firmen sind daher versucht, nach Auswegen Ausschau zu halten, um ein günstiges Quartalsergebnis publizieren zu können – ungeachtet der tatsächlichen Lage des Unternehmens. So kürzen sie beispielsweise plötzlich und drastisch ihre Werbeaufwendungen. Es kam sogar schon vor, daß Firmen einige ihrer ertragreichsten Geschäfte verkauft haben, nur um einen entsprechenden Buchgewinn ausweisen zu können. Solche Notbehelfe beeinträchtigen oft das langfristige Potential eines Unternehmens.

Nestlé hält es für sehr wichtig, ein gewisses Gleichgewicht in der Verteilung der Aktivitäten und, mehr noch, in der Verteilung der Risiken zu bewahren. Kurzfristig könnte es durchaus verlockend sein, Ungleichgewichte entstehen zu lassen oder sie sogar zur fördern. So wäre es vorstellbar, einen großen Teil der Ressourcen der Gruppe auf das Produkt (oder das Land) zu konzentrieren, das im Augenblick sehr erfolgreich ist. Langfristig würde ein solches Verhalten jedoch dazu führen, die ganze Gruppe einem einzigen spezifischen Risiko auszusetzen.

Am wichtigsten ist es, eine gewisse Balance unter den Produkten anzustreben und zu bewahren. Nestlé hat sichergestellt, daß das Unternehmen nicht in übersteigertem Maße von löslichem Kaffee abhängig ist. So hat Kaffee im Laufe der Zeit einen immer geringeren Prozentsatz am Gesamtgewinn der Gruppe eingebracht. Hierin drückte sich kein Rückgang des absoluten Beitrags des Kaffeebereichs aus, wohl aber eine stärkere Ertragsentwicklung anderer Produktkategorien. Die letzteren wuchsen entweder sehr schnell oder verbesserten ihre Ertragskraft dank verschiedener Rationalisierungsmaßnahmen, oder sie wurden mit der Hilfe von Akquisitionen weiterentwickelt.

Es zählt zu den langfristigen Zielen, ein geographisches Gleichgewicht herzustellen, nicht so sehr in bezug auf einzelne Länder als vielmehr im Blick auf große Gebiete wie Europa, Nordamerika und Afrika/Asien/Ozeanien/Lateinamerika, oder zwischen Industrie- und Entwicklungsländern. Die Nestlé-Gruppe begann sich zunächst vor mehr als einem Jahrhundert in Europa zu entwickeln und ist dort nun fest verankert. In einigen europäischen Märkten hat sich das Wachstum jedoch verlangsamt, und der Wettbewerb ist oft sehr hart. Die Vereinigten Staaten bilden – anders als das zersplitterte Europa – einen riesigen einheitlichen Markt, der in einigen Segmenten immer noch ein großes Potential aufweist. Es handelt sich aber auch um einen schwierigen Markt, und Erfolge und Mißgriffe entsprechen seiner Größe. In den übrigen Kontinenten schließlich gibt es nur wenige entwickelte Länder. Ursprünglich stellten die Länder der Dritten Welt rasch wachsende Märkte dar. Heute sind einige von ihnen, als Folge der Schuldenkrise, zu einer straffen Sparpolitik verurteilt. Neben die strukturellen Risiken dieser Länder (zum Beispiel Risiko der vollen oder teilweisen Verstaatlichung) treten nun zahlreiche neue oder, wo sie bereits bestanden, verschärfte Risiken und Unsicherheiten aufgrund wirtschaftlicher Schwierigkeiten, so beispielsweise Importrestriktionen, Beschränkungen des Kapitaltransfers, große Währungsabwertungen, blokkierte oder streng kontrollierte Preise bei anhaltender Kosteninflation. Glücklicherweise haben sich in den letzten Jahren die Kräfte des freien Marktes mehr und mehr durchgesetzt.

Angesichts des Ziels, das langfristige Potential zu erhalten und zu stärken, ist die finanzielle Verfassung Nestlés von fundamentaler Bedeutung; die Handlungsfähigkeit der Gruppe hängt weitgehend hiervon ab. Um handeln zu können, müssen flüssige Mittel jederzeit verfügbar sein. Kapital darf nicht dort gebunden werden, wo es nicht wesentlich ist. Dies bedeutet eine strenge Kontrolle der Vorräte und Außenstände. Es bedeutet auch eine größtmögliche Zentralisierung der Barmittel, so daß sie tat-

sächlich verfügbar und nicht über die ganze Gruppe verstreut sind.
Eine gesunde finanzielle Lage räumt einen angemessenen Handlungsspielraum ein. Hierdurch wiederum ist es möglich, Akquisitionen auf gesunder Grundlage zu finanzieren und sich nach ihrem Vollzug darauf zu konzentrieren, die übernommenen Firmen zu integrieren und für die Zukunft zu entwickeln. Im Gegensatz dazu haben in den späten achtziger Jahren einige amerikanische Unternehmen sehr große Firmen erworben, ohne ausreichende Mittel dafür zu besitzen. Dies zwingt sie dann dazu, schnell einen wesentlichen Teil der Aktivitäten der übernommenen Firmen abzustoßen, um so die übergroß gewordenen Schulden zu verringern. Die Geschäftsleitung muß ihre ganzen Anstrengungen auf diese Wiederverkaufsoperationen konzentrieren, so daß ihr nur in unzureichendem Maße Zeit und Energie bleibt, die übernommenen Firmen zu integrieren und erfolgreich zu führen.
Sich um eine gesunde Finanzlage zu bemühen darf jedoch nicht bedeuten, in eine ultrakonservative Haltung zu verfallen. Eine gesunde Finanzlage ist eher ein Handlungsinstrument als ein Selbstzweck. So versetzten ihre bedeutenden Barreserven die Gruppe in die Lage, die Übernahme einer Firma von der Größe Carnations ins Auge zu fassen, obwohl sie hierfür auch eine vorübergehende Erhöhung ihrer Schulden in Kauf nahm, um einen Teil der Akquisitionskosten abzudecken.
Der menschliche Faktor muß eine grundlegende Rolle in der Strategie von Firmen wie Nestlé spielen. Es ist wesentlich, nicht Systemen, sondern Menschen und Produkten (zur Zufriedenstellung der Konsumenten) den Vorrang einzuräumen. Dazu zählt, die Führungskräfte vorzubereiten, die die Schlüsselpositionen der Gruppe

später besetzen können. Dies erfordert, daß die notwendigen Auswahl- und Ausbildungsentscheidungen rechtzeitig im voraus getroffen werden. Nestlé ist zudem bemüht, Führungspositionen möglichst durch interne Beförderung zu besetzen, also nicht durch Rekrutierung von außen. Dieses Vorgehen erleichtert es, eine einheitliche Ausrichtung sicherzustellen und eine Wahl schon frühzeitig zu treffen.
Auch beim Erwerb von Gesellschaften spielt der menschliche Aspekt eine viel größere Rolle, als man gemeinhin annimmt. Das Gelingen der Integration ist wahrscheinlicher, wenn die Denk- und Handlungsweisen der Firmen – heute als Unternehmenskulturen bezeichnet – ähnlich sind. Der Erfolg hängt auch von dem Grad des Wohlwollens ab, mit dem die Akquisition von den Spitzenkräften der betreffenden Gesellschaft aufgenommen wird. Aus diesem Grunde hat Nestlé nur in Ausnahmefällen »feindliche Übernahmeofferten«, also ein gegen den Willen der zu erwerbenden Firma gerichtetes Angebot, unterbreitet.
Bei Rowntree und Perrier handelte es sich um Unternehmen, die zum Verkauf anstanden. Die Frage war nicht, ob sie übernommen würden, sondern bloß noch, durch wen. Nach der Übernahme – so bei Perrier 1992 – kommt folgende Philosophie zum Tragen: Zusammenarbeit mit dem Management, gleiche Chancen für die Mitarbeiter, keine brutale Durchsetzung von Nestlé-Methoden, die Stabsabteilungen halten sich zurück.

Kontinuität und Flexibilität

Schließlich ist es für ein multinationales Unternehmen wichtig, sich an die lokalen Bedingungen, Traditionen und Mentalitäten in jedem Land anzupassen, gleichzeitig aber dafür zu sorgen, daß die grundlegenden Prinzipien und Interessen der Gruppe überall gewahrt bleiben. Hier sollte immer ein Optimum angestrebt werden.

Am Ende der Erörterungen der Grundprinzipien, auf denen die Wachstumsstrategie Nestlés beruht, erscheint es angebracht, das Strategiekonzept selbst zu definieren. Ein Unternehmen muß flexibel sein, wenn es funktionstüchtig sein soll. Eine echte Strategie kann nie ein dogmatisches Programm sein, eine Zwangsjacke, die eine Firma zu Entscheidungen und Reaktionen nach einem vorbestimmten Code zwingt. Genausowenig soll die Strategie aus einem einfachen Katalog wohlklingender Regeln bestehen, die allenfalls als Slogans zur Irreführung der öffentlichen Meinung verwendet werden könnten.

Strategien und ihre Anwendung hängen oft von dem ab, was man die Last der Geschichte nennen könnte. Eine große Gesellschaft, die über hundert Jahre alt ist, kann die Vergangenheit nicht mißachten und so tun, als würde alles neu beginnen. Sie hat tiefe Wurzeln geschlagen. Strategie besteht daher nicht in der Festschreibung dessen, was idealerweise getan werden sollte. Sie läßt Raum für Anpassungen: verändern, was in der derzeitigen Lage falsch ist, Eintritt in neue Gebiete, Aufgabe einzelner bestehender Geschäfte. Und wo nötig, kann Nestlé auch über seinen eigenen Schatten springen. So ging das Unternehmen im Laufe der letzten Jahre mehrere Vereinbarungen über Joint-ventures ein, obwohl es im allgemeinen einer Entwicklung in eigener Regie und auf eigenes Risiko den Vorzug gibt. Aber wo ein Joint-venture die beste oder die einzig mögliche Lösung darstellt, ist Nestlé dazu bereit. In den gemeinsamen Unternehmungen mit Coca-Cola (konsumfertige Getränke auf Kaffee- oder Teebasis), Baxter (klinische Ernährung) und General Mills (Frühstücksgetreide) sind die Vorteile gegenüber einem Alleingang so klar, daß die Bedenken zurückstehen mußten.

Strategien führen von Zeit zu Zeit zu Weggabelungen mit verschiedenen Zielen. Es wäre auch von daher illusorisch zu glauben, daß Pläne blind und mechanisch befolgt werden können, ohne unerwarteten Entwicklungen Rechnung zu tragen. Wenn eine Gelegenheit auftritt – manchmal durchaus zufällig –, kann aber das Vorhandensein strategischer Prinzipien bei der Entscheidung helfen, ob es richtig ist oder nicht, sie zu ergreifen. Im Falle der Erwerbung von Buitoni, des weltweit bekannten italienischen Pasta-Herstellers, kam zur Gelegenheit auch die Überlegung, daß die italienische Küche den langfristigen Ernährungstrends entspricht, nämlich dem Ersatz tierischer durch pflanzliche Proteine.

Strategien schließen Flexibilität ein. In der Führung der Geschäfte gewährleistet die dezentralisierte Organisation Nestlés Anpassungsfähigkeit. Bei wichtigen Entscheidungen mögen in der Vergangenheit manchmal Fehler vorgekommen sein, es geht aber darum, hieraus die richtigen Folgerungen zu ziehen und die Fehler in der einen oder anderen Weise zu korrigieren.

Und schließlich: Ist Strategie nicht die Kunst, Veränderungen zu steuern, anstatt von ihnen gesteuert zu werden? Nestlé strebt eine Fortsetzung des internen Wachstums an. Dazu gehört es, den Wandel der Verbraucherbedürfnisse sorgfältig zu beobachten und neue Technologien, mit denen diese Bedürfnisse noch besser befriedigt werden können, zu entwickeln. Entscheidend sind dabei Kriterien wie gesunde Ernährung, Qualität,

Bequemlichkeit, Frische sowie das Verhältnis von Qualität und Preis.
Letztendlich deutet der Wachstumsschub in den industrialisierten Ländern, nicht zuletzt aufgrund gewichtiger Akquisitionen, keineswegs die Absicht an, den Ländern der Dritten Welt nur noch sekundäre Bedeutung beizumessen. Im Gegenteil. Nestlé ist nur bemüht, die Produktion und den Verkauf von Lebensmitteln, die in der Vergangenheit den Industrieländern vorbehalten waren, schrittweise auf möglichst viele Entwicklungsländer auszudehnen. Die Gruppe entwickelt zunehmend auch Produkte, die dem lokalen Geschmack entsprechen, aus einheimischen Rohstoffen hergestellt werden und preislich für die Mehrheit der Bevölkerung erschwinglich sind. Nestlé-Forschungszentren, davon eines in Lateinamerika (Ecuador) und ein anderes in Asien (Singapur), arbeiten intensiv an dieser Aufgabe.
Nachdem sich der Nestlé-Umsatz, wie eingangs festgestellt, im Laufe der letzten vierzig Jahre real auf das Sechzehnfache erhöht hat, haben wir nun die Marke von 50 Milliarden Franken übersprungen. Es läßt sich daher die Frage stellen: Ist diese Größenordnung noch vernünftig, besteht hier nicht die Gefahr des Gigantismus? Diese Größenordnung würde in der Tat ein Problem darstellen, wenn drei Umstände gegeben wären. Zum einen nämlich dann, wenn sich die Gruppe nicht mehr steuern ließe. Hiervon ist Nestlé dank der recht stark dezentralisierten Organisation weit entfernt. Problematisch wäre es auch, wenn der Auftritt der Gruppe in keinem Verhältnis mehr zum jeweiligen Umfeld stünde und diesem zu lästig würde. Aber die Umsätze, Aktivitäten und Fabriken Nestlés sind über die ganze Welt verstreut. Die Mitarbeiterzahl in den Nestlé-Werken beträgt durchschnittlich 250 Mitar-

beiter, das größte Werk hat allerdings 4000 Beschäftigte. Es wäre auch zweifellos problematisch, wenn die Größe Nestlé zu einer Monopolstellung verhelfen würde. Davon ist man jedoch weit entfernt. Die Gruppe sieht sich einem harten, manchmal sogar grimmigen Wettbewerb in ihren Märkten ausgesetzt. Und dies ist gut so, denn Wettbewerb bringt die Interessen von Konsumenten und Unternehmen zusammen und ist damit eine Quelle des Fortschritts.

Visionen zur Jahrtausendwende

Es gibt Worte, die in Mode kommen und eine gewisse Faszination haben, die ich aber auch mit einem gewissen Unbehagen niederschreibe, weil sie zum Schlagwort geworden sind, weil sie von der Nüchternheit und vom konkreten und realistischen Überlegen wegführen, die wir aber gleichwohl brauchen, um das Richtige zu tun und zu entscheiden. *Vision* ist ein solcher Begriff und deshalb zunächst mit Vorsicht zu genießen. Wenn andererseits solche Modewörter dazu führen, daß mehr Leute über den Tag hinausdenken und sich über die Zukunft mehr Gedanken machen als über die quantitativen Vorhersagen, dann haben auch solche Worte ihren Zweck erfüllt.

»Wer keine Vision hat«, so heißt es, »kann weder große Hoffnungen erfüllen noch große Vorhaben verwirklichen.« Diesen Aspekt sollte man nicht unterschätzen. Insofern sind Visionen eine Führungsaufgabe. Sie haben eine Wirkung in sich, weil sie Leute begeistern können, Energien freisetzen und damit entscheidend dazu beitragen, daß eine Vision keine Illusion bleibt, sondern in der Zukunft zur Realität wird.

Wir werden mehr und mehr ein weitreichendes und dauerndes Einbinden unserer Mitarbeiter in allen Fragen, die ihre Tätigkeit und ihren Arbeitsplatz betreffen, praktizieren. Diese umfassende Einbeziehung unserer Mitarbeiter in unser Geschehen geht einerseits über die von Japan zu uns gekommenen sogenannten Qualitätszirkel hinaus, vermeidet andererseits deren leicht fanatische und fast religiöse Anwendung.

Neue Wirtschaftsräume und Globalisierung

Für das obere Management bringt Globalisierung eine wichtige Herausforderung: Der Wandel beschleunigt sich auf allen Gebieten. Bei der Auswahl der Führungskräfte ist deshalb die Fähigkeit zum »Management of change« noch stärker zu berücksichtigen.
Neue Größenordnungen sind im Entstehen als ein Resultat der Globalisierung von Unternehmen und der Schaffung von neuen Wirtschaftsräumen, zum Beispiel Europa, USA/Kanada – und 1993 oder 1994 auch Mexiko –, pazifisches Becken, Nordafrika. Anpassungsdruck erhöht sich auf die Einzelstaaten, die sehr wohl begreifen, daß Abseitsstehen, Protektionismus, Abschottung langfristig zu wirtschaftlicher Stagnation führen. Marktwirtschaft und Demokratie westlicher Prägung setzen sich immer mehr durch und erfahren zusätzliche Verstärkung durch die Entwicklung der modernen Kommunikationsinstrumente. Abzulesen ist das nicht zuletzt an der Entwicklung in Osteuropa, mittel- bis langfristig auch in Entwicklungsländern.
All diese Tendenzen führen zu noch umfassenderer und globalerer Strategie. Nestlé ist schon lange weltweit und international mit industrieller Präsenz in über sechzig Ländern und kommerziell praktisch allen Ländern vertreten. In den letzten Jahren gab es verstärkte Anstren-

gungen, um »weiße Flecken auf der Landkarte«, wie zum Beispiel China, Ägypten, Pakistan, auszufüllen. Die umfassende Globalisierung tritt nun in die letzte Stufe.
Die Entstehung größerer Binnenmärkte, weltweite Liberalisierung und Zusammenarbeit bedeutet für uns Reorganisation der Produktionsstruktur nicht nur in den Binnenmärkten, wie dem Europäischen Gemeinsamen Markt, sondern längerfristig auch darüber hinaus. Die Economy of scale und die Spezialisierung von Fabriken sind mehr und mehr wahrzunehmen. Das bedeutet ein stärkeres Auseinanderklaffen von Produktionsstandort und Verkaufsort. Das war einst anders, als europäische Produkte in Entwicklungsländer exportiert, dann Fabrikationsstätten in diesen Ländern errichtet wurden. Das führte zur Erhöhung der Wertschöpfung dort, ein Trend, der weitergeht. Nun aber zeigt sich zum Teil in völlig anderer Form wieder ein stärkeres Auseinanderklaffen von Produktion und Verkaufsort wegen der Globalisierung der Märkte, wegen der Liberalisierung und damit der Möglichkeit, den Fabrikstandort unabhängig vom Konsumstandort zu organisieren. Dies bedeutet zum Teil eine Einschränkung der bisherigen Dezentralisierung.
Diese Tendenz wird verstärkt durch Globalisierung von Konsumgewohnheiten (kein globaler Durchschnittskonsum, sondern einzelne globale Segmente wie Coca-Cola, Jeans, McDonald's, kleine Riegelprodukte bei Süßwaren oder Nescafé). Gleichzeitig bleiben besonders im Nahrungsmittelsektor regionale und nationale Konsumgewohnheiten bestehen. Die richtige Austarierung dieses Spannungsverhältnisses zwischen regionalen und globalen Gegebenheiten ist gefordert. Dezentralisierung unserer Aktivitäten und globale Verbindungen sowie Koordi-

nierung werden immer wichtiger für den zukünftigen Erfolg.
Etwas grob kann man die Länder in industrialisierte Länder und Entwicklungsländer einteilen. Für diese Ländergruppen gibt es auch in der Tendenz zwei verschiedene Strategien.
In industrialisierten Ländern sind ständige Verbreiterung und Renovation der Produktpalette in Richtung Qualität, Frische, Bequemlichkeit bei höheren Ansprüchen der Konsumenten und einer entsprechend stärkeren Segmentierung festzustellen. Es gilt also, die Marktchancen, die sich infolge sozialer Veränderungen bei Einkauf und Verzehr ergeben, zu nutzen. Hierher gehören die Stichworte: Einzelhaushalte, Kollektivverpflegung, andere Zeitabläufe in der Familie, Berufstätigkeit der Frauen. Außerdem gilt es, einzugehen auf spezifische Bedürfnisse bestimmter wachsender Bevölkerungsgruppen, zum Beispiel ältere Menschen oder Sportler, auf neue Produkte, die dem Gesundheits- und Wohlbefindensanspruch der Konsumenten entsprechen.
In Entwicklungsländern bedarf es künftig einer Doppelstrategie: Einerseits muß die wachsende Nachfrage nach klassischen Nestlé-Produkten durch die zunehmende Bevölkerung und wachsende Kaufkraft zunächst durch gesteigerte Importe, dann durch lokale, regionale Produkte und Erhöhung der Wertschöpfung – soweit klimatisch möglich – befriedigt werden. Andererseits müssen Produkte auf der Basis lokaler Rohstoffe hergestellt, an die lokalen Eßgewohnheiten angepaßt und mit wirtschaftlichen Vorteilen verkauft werden.

Demographische Verschiebungen

Neue Möglichkeiten ergeben sich auch durch die Umwälzungen in Osteuropa, Rußland und China. Ferner sind gewaltige demographische Verschiebungen in den nächsten zwanzig bis dreißig Jahren zu erwarten. Nestlé macht heute nur knapp über 15 Prozent des Umsatzes in den Ländern, die 80 Prozent der Bevölkerung ausmachen. Die bevölkerungsmäßige Bedeutung von Indien, Nigeria und Brasilien beispielsweise wird zunehmen.
Für die Konkretisierung und Implementierung dieser verschiedenen Strategien kommt der Forschung, nicht nur der angewandten Forschung, sondern auch und vor allem der fundamentalen Forschung, erhöhte Bedeutung zu. Mit dieser Forschung entstehen vielleicht völlig neue Produktfelder, an die wir heute noch gar nicht denken. Im übrigen fällt der Forschung auch eine bedeutende Rolle bei der Bewältigung der Umweltprobleme zu. Den zunehmenden Problemen (zum Beispiel Verpackung) steht die fortschreitende Bewältigung der Probleme durch exponentielle Steigerung des Umweltbewußtseins und der technologischen Möglichkeiten gegenüber.
Die Mengenentwicklung ist infolge Kaufkraftsteigerung und Bevölkerungswachstum weiterhin auf positivem Kurs. Wir haben im Verlauf der letzten Jahre zwischen 3,5 und 4,5 Prozent Volumenwachstum und sehen keinen Grund, warum dieses interne Wachstum keine Fortsetzung finden sollte.
Bis zur Jahrhundertwende und weit darüber hinaus spielen das Bevölkerungswachstum und seine Konsequenzen für die Ernährung der Menschheit eine entscheidende Rolle. Nach den letzten Berechnungen scheint sich zwar das Bevölkerungswachstum abzuflachen, doch rechnet

die am meisten optimistische Prognose mit einem Erreichen der Ersatzrate frühestens im Jahr 2015. Mit anderen Worten: Die Weltbevölkerung dürfte gegen das Jahr 2100 zwischen acht und zwölf Milliarden Menschen betragen.
Neue Lösungen sind daher nötig, zum Beispiel der zunehmende Ersatz tierischer Proteine durch pflanzliche. Gänzlich neue Perspektiven tun sich auf – auch Hoffnungen – durch breite Forschungsanstrengungen in der Biotechnologie. Fortschritte auf diesem Gebiet werden einen Beitrag zur Lösung des Ernährungsproblems leisten. Sie werden wichtiger und von größerer Bedeutung als die »grüne Revolution«, die in Ländern wie Indien, Indonesien und den Philippinen unbestreitbare Fortschritte gebracht hatte. Heute wird nur 1 Prozent der bekannten Pflanzen für die Ernährung gebraucht; 20 bis 30 Prozent aller Ernteerträge fallen vor ihrer Vermarktung Schädlingen oder der Fäulnis zum Opfer.

Die Welt, in der wir leben werden

»Voraussagen sind immer problematisch, vor allem wenn sie die Zukunft betreffen«, meinte zu Recht ein Spötter. Dennoch, keine Strategie kommt ohne prospektivische Elemente aus, und solange diese in ihren großen Zügen richtig liegen, erträgt eine vernünftig angelegte strategische Konzeption auch die unvermeidlichen Brüche, Verzögerungen und Rückschritte, ja sogar die Irrtümer ihres Autors!
Ein wichtiges Element jeder Strategie ist selbstverständlich eine Beurteilung der Umwelt und des Umfeldes, da sie in die Wirklichkeit umgesetzt werden muß.

Ohne sich gleich prophetischer Gaben zu rühmen, sind doch eine Reihe von Tendenzen und Entwicklungen absehbar, von denen man annehmen darf, daß sie sich realisieren werden. Von der bipolaren Konstellation, die seit dem Ende des Zweiten Weltkrieges das politische Geschehen bestimmte, nähern wir uns seit einiger Zeit nun einer tripolaren Ausformung.
Der ideologische Konflikt wird abgelöst durch einen Wettstreit auf wirtschaftlichem Gebiet, dessen Kraftlinien durch Nordamerika, Europa und Japan/Pazifisches Becken verlaufen. Der Grund für diese Entwicklung liegt im Zusammenbruch der sozialistischen Ideologie. Dieses epochale Ereignis beeinflußt nicht nur die Situation in Osteuropa und in Asien, sondern zeitigt weltweite Auswirkungen. Die Autorität und Legitimität der sozialistischen Theorie hatten seit einigen Jahren schon einen zunehmend schwierigeren Stand in den liberalen Demokratien: Als Leitbild wirtschaftlichen Handelns hatte sie seit längerer Zeit ausgedient. Der drohende politische, wirtschaftliche und ökologische Kollaps in der Sowjetunion zwang die Führung zum Abbruch des Rüstungswettlaufes, zur Zusammenarbeit mit dem Westen und zur Konzentration auf die inneren Probleme und ließ die bisherigen Garantien für die kommunistischen Machthaber in Osteuropa dahinfallen. Erstaunlich, wie in nur wenigen Tagen das Weltreich Sowjetunion zusammenbrach wie ein Kartenhaus.
Es ist davon auszugehen, daß sich in Zukunft die Supermächte vermehrt zu einem gemeinsamen Vorgehen finden. Das heißt eine Welt mit weniger Spannungen, weniger und/oder kürzeren Konflikten und kleineren Rüstungsausgaben. Damit sind beileibe nicht alle Gefahren gebannt: Das Pulverfaß im Nahen Osten kann jeder-

zeit explodieren. Weiter birgt das Aufflackern nationalistischer Reflexe in Ost- und Mitteleuropa, der Sowjetunion und auf dem indischen Subkontinent einigen Sprengstoff.

In anderen Ländern stehen noch Macht- oder Systemwechsel an. Diese zu vermeiden wird längerfristig unmöglich sein; dank der modernen Kommunikationsmittel findet liberal-demokratisches Gedankengut überall Eingang. Gekoppelt mit dem katastrophalen Versagen der sozialistischen Gängelei in Wirtschaft und Gesellschaft und den gleichzeitigen, unübersehbaren Erfolgen marktwirtschaftlich orientierter Länder, wird überall der Anpassungsdruck ansteigen, bis hin nach Afrika und Lateinamerika. Als ernstzunehmende philosophisch-politische, soziale und wirtschaftliche Doktrin hat der Marxismus ausgedient. Abraham Lincoln – »You can't fool all the people all the time« – sieht sich bestätigt, und vielleicht ist die Menschheit gegenüber dem nächsten Scharlatan ein klein wenig skeptischer.

In enger Wechselwirkung mit den politischen Veränderungen hat sich auf dem Gebiet der Wirtschaft eine neue Ausgangslage ergeben. Ein zentrales Element dabei ist der Stellenwert, der seit einigen Jahren der Liberalisierung eingeräumt wird. Das Mißtrauen gegenüber dem allwissenden (und allmächtigen) Staat führt dazu, daß er sich vermehrt aus den Unternehmungen zurückzieht, den Reglementierungsgrad zumindest nicht erhöht, in Einzelfällen gar vermindert und ganz allgemein den selbstregulierenden Mechanismen des Marktes mehr Vertrauen entgegenbringt. Daraus resultieren eine raschere Anpassung der Strukturen, erhöhte Produktivität und die Verbesserung der Wettbewerbsfähigkeit.

In einigen Entwicklungsländern, in denen das Gewicht

der Bürokratie, ihre Unfähigkeit und ihr schleppendes Entscheidungsverfahren oft eine sehr hohe Hemmschwelle für den Unternehmer darstellen, hat man die Gefahr erkannt und bemüht sich um Verbesserung. Gleichzeitig, nicht zuletzt unter dem Eindruck der Verschuldungsdiskussion, hat man die Vorteile internationaler Direktinvestitionen wieder erkannt. Wo vor einigen Jahren noch Hindernisse aller Art zu überwinden waren, führen heute die weitsichtigeren Länder regelrechte Werbefeldzüge durch, um die ehemals »bösen Multis« von den Vorteilen der betreffenden Länder zu überzeugen. Dies betrifft sogar Regimes, die einst eine extrem populistische, um nicht zu sagen sozialistische Wirtschaftspolitik betrieben.

Engere regionale Zusammenarbeit im Wirtschaftssektor macht Schule. Die Europäische Gemeinschaft, die Freihandelszone USA–Kanada (und möglicherweise bald auch Mexiko), die noch vorsichtige Gruppierung Südostasiens und des Pazifischen Beckens um den Leader Japan herum, Bestrebungen in Nordafrika und in Lateinamerika zwischen Brasilien und Argentinien, sie alle sind ein Zeichen dafür, daß die Vorteile einer großräumigen Koordination auf wirtschaftlichem Gebiet erkannt worden sind. Und einiges scheint darauf hinzudeuten, daß auch in Osteuropa die Auflösung des Comecon zu einer wirklichen regionalen Kooperation führen wird. Der bestehende Erwartungsdruck auf handelspolitischem Gebiet in Währungsfragen zeigt, daß man die wirtschaftliche Verflechtung als Faktum zunehmend akzeptiert und ihre Vorteile für alle Beteiligten erkennt.

Es wird, bei allen zu erwartenden Verzögerungen, strukturellen Problemen und Anpassungsschwierigkeiten, für Politiker jeder Couleur immer heikler werden, Protektio-

nismus, Autarkieträume und gänzlich autonome wirtschaftliche und währungspolitische Entscheide zu vertreten. Ich sehe keine Zukunft für »Domestic-content«-Regeln, »freiwillige Importbeschränkungen«, absurde Exportbeihilfen auf dem Buckel des Steuerzahlers und was dergleichen Mätzchen mehr sind. Ich rechne ferner mit einer deutlichen Beschleunigung dieser regionalen Kooperationsprozesse, weil man einerseits deren Vorteile erkannt hat und andererseits der Wettbewerbsdruck auch auf diesem Gebiet zunehmen wird. Für das einzelne Unternehmen bedeutet dies ganz allgemein zunächst einmal einen schärferen Wettbewerb mit absehbaren Konsequenzen für Strategie, Unternehmensgröße und Struktur. Wir werden uns damit abzufinden haben, daß wir uns überall gegen Mitbewerber aus allen Wirtschaftsregionen schlagen müssen.
Andererseits können wir uns in zunehmendem Maße kapitalmäßig dort engagieren, wo wir die besten Chancen sehen; dort einkaufen, produzieren, verkaufen und Kapital beschaffen sowie Gehälter und Steuern bezahlen, wo uns die Bedingungen am günstigsten erscheinen. Die Globalisierung des Wettbewerbs führt längerfristig aber zu einer Nivellierung aller künstlich geschaffenen Standortvorteile. Was bleibt, sind jene Vorzüge, die sich aus der Verfügbarkeit natürlicher Ressourcen und, ganz zentral, aus der menschlichen und beruflichen Qualifikation der Mitarbeiter ergeben. Hier scheint mir auch gerade für die gewerkschaftlichen Vertretungen eine Aufgabe zu bestehen, die in ihrer Dringlichkeit und Bedeutung weit über die Klagerufe des sozialen Dumping hinausgeht.
In den wenigen Jahren, die uns von der Schwelle zum nächsten Jahrtausend noch trennen, werden sich in jedem Bereich einige Firmen herausheben, die einen

wirklich globalen Anspruch glaubhaft machen können. Dazu braucht es mehr als nur eine gewisse Umsatzgröße, nämlich auch ein internationales Management und Markterfahrung, eine Produktepalette, die sich den Bedürfnissen und der Kaufkraft der Kundschaft anpassen läßt, eine Streuung des Kapitals und der Börsenpräsenz, eine breite geographische Erfahrung in Forschung, Marketing und Produktion. Wo dies nicht oder nur in Ansätzen vorhanden ist, sucht man oft das Heil in Allianzen. Das können in einzelnen Bereichen oder Fällen durchaus vernünftige und pragmatische Lösungen sein; jedenfalls handelt es sich bestimmt nicht immer um Verlegenheitslösungen oder Anzeichen von Torschlußpanik.
Doch steht für mich außer Zweifel, daß zahlreiche jetzt gefeierte Abschlüsse nicht den erwarteten Ergebnissen entsprechen werden. Jedes Joint-venture, jede Allianz und Zusammenarbeit bringt immer auch einen Verlust an Entscheidungsfreiheit und an Reaktionsschnelligkeit. Genau dort aber liegt der wunde Punkt. In Zukunft werden sich Strukturen, Konjunktur, Konkurrenz, Methoden und Systeme noch rascher wandeln als heute. Diese Veränderungen werden auch tiefgreifender und großräumiger sein und jedes Unternehmen vor Entscheide mit einer existentiellen Dimension stellen. Dem Timing kommt auch hier eine sehr große Bedeutung zu, und ich plädiere daher für soviel Handlungsspielraum wie nur irgend möglich.
Wir werden es mit Menschen zu tun haben, die in zahlreichen Belangen sicher anders reagieren, als wir das heute gewohnt sind. Der Abbau traditioneller Werthaltungen im Verlauf des 20. Jahrhunderts und lange Perioden des Wohlstandes und des Friedens für die Menschen in den westlichen Ländern haben zu einem Verhalten geführt,

das ich, ohne es zu werten, folgendermaßen charakterisieren möchte.
Der Bürger, Mitarbeiter, Kunde und Anleger löst sich zunehmend aus einer ganzen Reihe von sozialen, politischen und beruflichen Bindungen. Sein Trachten geht mehr in Richtung Selbstverwirklichung und trägt Elemente des Narzißmus, der stärkeren »Ich«-Bezogenheit in sich. Die Optimierung der eigenen Existenz, selbst auf Kosten der Familie oder der Gemeinschaft, ist nicht mehr mit einem ethischen Bonus belastet. Es wird zunehmend schwieriger, ihn für die Belange des Gemeinwohles mit zusätzlichen, freiwilligen Aufgaben zu belasten, sei dies in der Form politischer Arbeit in Staat und Parteien, sei es auch nur bei der Ausübung seines Wahlrechtes. Damit einher geht ein schleichender Fundamentalismus, ein moralischer Rigorismus, der zum Beispiel in Fragen des Umweltschutzes ein rationales Abwägen von Pro und Kontra zunehmend schwieriger macht. Gleichzeitig zieht man sich in vieler Beziehung auf kleinräumige, überblickbare und beeinflußbare Einheiten zurück, auf einen Regionalismus in Seh- und Ausdrucksweise, der mit dem wachsenden Globalisierungsgrad seltsam kontrastiert, ihn auch teilweise relativiert.
Es wäre vermessen, bei unseren Mitarbeitern das Vorhandensein solcher Tendenzen zu verneinen. Sie werden wohl bessere professionelle Qualifikationen ins Unternehmen einbringen, ebenso aber einen Anspruch auf persönliche Erfüllung am Arbeitsplatz, Statusgarantie, Sicherheit, Verständnis, Flexibilität und Förderung von seiten ihrer Vorgesetzten, und dies in oft nicht unkritischer Distanz zum Unternehmen und seiner Kultur. Paternalismus hat ausgedient, unsere Mitarbeiter sind autonomer in ihren Auffassungen und skeptischer gegen-

über traditionellen Haltungen. Ein langfristiges Engagement, sei es in Familie, Beruf, Politik oder selbst im Konsumverhalten, ist an die Erfüllung klarer Erwartungen gebunden. Werden diese enttäuscht oder infolge des beschleunigten Wertewandels auf der Skala niedriger eingestuft, sind sie schneller zum Wechsel bereit. Andererseits lösen dann eine Umstrukturierung im Unternehmen, eine Betriebsverlegung oder ein Wechsel in den Arbeitsmethoden nicht mehr das tiefgreifende Trauma aus, das uns heute die Anpassung an neue Gegebenheiten oft menschlich so schwierig und so kostspielig macht.

Unsere Anleger, schon mehrheitlich internationaler Herkunft, legen ein anderes Verhalten als das gewohnte an den Tag. Sie sind vermehrt institutioneller Natur, mit all den Konsequenzen, die sich daraus in bezug auf Kurzfristigkeit, Kapitalstruktur, Ausgestaltung der Aktionärsrechte, Informationsbedarf, Erwartungshorizont und fehlenden persönlichen Bezug zum Unternehmer ergeben. Ihr wirtschaftliches Gewicht wird noch wachsen, ebenso die Tendenz, auf der Suche nach »Performance« auch direkter auf das Unternehmen Einfluß zu nehmen oder sich der Papiere bei Gelegenheit rasch zu entledigen.

Unsere Verbraucher lassen sich morgen noch weniger als heute anhand von einkommensabhängigen Kriterien einordnen. Ihr Verhalten wird von Spontaneität, Opportunitätsdenken und Experimentierfreude geprägt. Gleichzeitig legen sie höhere Maßstäbe an: Das Unternehmen muß über das Produkt hinaus Ansprüche gesellschaftspolitischer Art erfüllen. Sein Verhalten in Fragen zum Beispiel des Umweltschutzes oder der Wahrnehmung seiner »sozialen Verantwortung« wird von unternehmensfremden, wenn nicht feindlichen, selbsternannten Autoritäten beurteilt und sanktioniert. Motivation und Zusammensetzungen dieser Gruppierungen sind einem raschen Wechsel unterworfen: Was bleibt, ist das Interesse des Unternehmens, präventiv diese Themenkreise beim Konsumenten zu besetzen und zu bearbeiten, um nicht ex nihilo Feuerwehrübungen durchführen zu müssen.

Der Arbeitstag unserer Mitarbeiter und Kunden wie auch ihre Lebensarbeitszeit werden nicht mehr den heute bekannten Strukturen entsprechen. Ständig wachsende Ausbildungsdauer, der mutmaßliche Verzicht auf das festgeschriebene Pensionsalter – sei es aus Rücksicht auf die freie Wahl der Individuen, sei es, weil sich die Sozialwerke der industrialisierten Länder unter der Last der ungünstigen Altersstruktur innovieren müssen –, der wachsende Anteil an Frauen auf allen Stufen der betrieblichen Hierarchie, Flexibilisierung der Wochenarbeitszeit wegen der ständig wachsenden Investitionskosten und der deshalb notwendigen besseren Auslastung des Produktionsapparates, die fortgesetzte Kaufkraftsteigerung und vermehrte Frei- und Ferienzeit, die wegen der Überlastung der bestehenden Infrastruktur besser auf das Jahr verteilt werden muß, sind einige der Elemente, die zur Destrukturierung unserer traditionellen Zeitbegriffe beitragen werden.

Der demographische Wandlungsprozeß, der in den letzten paar Jahrzehnten unsere Welt tiefgreifender verändert hat als die drei vorhergegangenen Jahrhunderte, wird sich fortsetzen. Es ist zwar gefährlich, bestehende Trends zu extrapolieren, doch scheint sich das menschliche Reproduktionsverhalten gegenüber rein medizinisch-technologischen Innovationen sehr resistent zu zeigen.

Dies ist in groben Zügen, und unter Vernachlässigung einer ganzen Reihe von vorstellbaren technologischen

und politischen Sprüngen, die Welt, auf die wir uns einstellen und in welcher wir uns bewähren müssen.
Nestlé ist seit vielen Jahren ein im Wortsinne globales Unternehmen. Es erzielt mit rund 200 000 Mitarbeitern einen Gruppenumsatz von über 50 Milliarden Franken und verfügt über eine Börsenkapitalisierung von etwa 35 Milliarden Franken. In seinem Heimatmarkt, der Schweiz, erzielt es mittlerweile weniger als 2 Prozent seines Umsatzes. Über 400 Fabriken in aller Herren Länder, von Argentinien bis Zimbabwe, von der Volksrepublik China bis in die USA, stellen eine breite Palette von Nahrungs- und Genußmitteln her, die praktisch überall auf der Welt verkauft werden.
Die Ereignisse der jüngsten Zeit haben es uns erlaubt, auch in den früheren Staatsmonopolländern Osteuropas erste Projekte zu verwirklichen und zahlreiche Kontakte zu knüpfen. Damit tritt die schon kurz nach der Gründung der Gesellschaft begonnene Globalisierung in ihre letzte Phase. Diese traditionell breite internationale Abstützung unserer industriellen und kommerziellen Tätigkeit findet seit einigen Jahren nun auch ihre Entsprechung auf der Seite der Kapitalgeber. Über die Hälfte unserer Aktien befindet sich im Besitz internationaler Anleger. Am Sitz unserer Gesellschaft finden wir Mitarbeiter aus 52 Nationen, und die oberste Unternehmensleitung besteht zur Hälfte aus Nichtschweizern.
Das Entstehen neuer Größenordnungen mit regionalen Binnenmärkten und Wirtschaftsräumen zwingt zur Anpassung. Unternehmen stellen sich darauf mit Übernahmen, Niederlassungen und strategischen Allianzen ein. Sie schaffen damit oft vollendete Tatsachen, unabhängig von geplanten Maßnahmen regulatorischer oder legislativer Art, und tragen zur Dynamisierung des Pro-

zesses bei. Für uns bedeutet dies eine Reorganisation der Produktionsstruktur, nicht nur im europäischen Bereich, sondern längerfristig auch darüber hinaus, zum Beispiel zwischen Nordamerika und Kanada. Um die »Economies of scale« möglichst vollständig zu nutzen, nehmen wir das Auseinanderklaffen von Produktionsstandort und Konsumstandort in Kauf, was dank der modernen Computertechnik heute durchaus machbar ist. Diese engere und kontinuierliche Zusammenarbeit über Ländergrenzen hinweg bedingt ein Überdenken der bisherigen Dezentralisierung und vermehrte Teamentscheidungen innerhalb eines bestimmten Wirtschaftsraumes.

Verstärkt wird diese Tendenz durch das Entstehen von globalen Konsumgewohnheiten, die allerdings auf gewisse Segmente beschränkt sind. Daneben bleiben regionale und nationale Geschmacks- und Konsumgewohnheiten erhalten. Der Erfolg des Unternehmens wird nicht zuletzt davon abhängen, wie es dieses Spannungsverhältnis zwischen regionalen und globalen Elementen ausbalancieren kann. Das geht weit über den engeren Produktebereich hinaus und rührt letztlich an Fragen der Unternehmensstruktur. Der Dezentralisierung nun abzuschwören scheint mir ebenso falsch, wie zu verkennen, daß eine stärkere Betonung von Koordinierung und engere Verbindungen im Interesse des Unternehmens liegen.

In den industrialisierten Ländern werden wir unsere Politik der ständigen Verbreiterung und Renovation der Produktpalette fortsetzen. Entgegen dem früher weitverbreiteten Pessimismus hinsichtlich der Wachstumschancen der Nahrungsmittelbranche in der industriellen Welt stellen wir fest, daß der Konsument für die zusätzlichen Vorteile in Richtung Qualität, Frische und Bequemlichkeit durchaus empfänglich bleibt. Er stellt heute allgemein höhere und diversifizierte Ansprüche, denen der Hersteller mit einer entsprechend stärkeren Segmentierung zu entsprechen sucht.

Marktchancen bei Einkauf und Verzehr ergeben sich auch aus den sozialen Veränderungen: Einzelhaushalte, Kollektivverpflegung, andere Zeitabläufe in der Familie, Berufstätigkeit der Frauen. Neue Produkte decken schließlich die weit höheren Ansprüche ab, welche der Konsument in Richtung Gesundheit und Wohlbefinden stellt. Es werden Nahrungsmittel auf den Markt kommen, die sich die immer besser erkannte Wechselwirkung Ernährung–Gesundheit zunutze machen und einen Beitrag zur Prävention leisten können.

Es handelt sich dabei keinesfalls um eine homogene Gruppe, sondern um Länder, die von sehr unterschiedlichen kulturellen, politischen und wirtschaftlichen Voraussetzungen ausgehen. Ganz allgemein verfolgen wir eine Doppelstrategie.

Einerseits verhelfen steigende Kaufkraft und Bevölkerungswachstum unseren klassischen Produkten zu mehr Absatz. Der Nachfrage begegneten wir historisch zunächst mit Importen, begannen dann schon im frühen 20. Jahrhundert mit lokaler und regionaler Produktion, wo dies von den Rohstoffen und vom Klima her möglich war. Es ist abzusehen, daß der Importanteil aus industrialisierten Ländern tendenziell noch abnehmen wird, während die Wertschöpfung in den Konsumländern ansteigt. Andererseits forcieren wir in Entwicklungsländern die Herstellung von Produkten auf der Basis lokaler Rohstoffe, die an die spezifischen lokalen Bedürfnisse und Eßgewohnheiten angepaßt sind und die zusätzlich wirtschaftliche Vorteile bieten.

Märkte von morgen

Die gewichtigen demographischen Verschiebungen bleiben nicht ohne Wirkung auf unsere Strategie. Länder wie Indien, Nigeria oder Brasilien werden neue Bevölkerungsschwerpunkte bilden. Es ist abzusehen, daß wir neue Lösungen finden müssen, um genügend Nahrung für eine Weltbevölkerung von etwa zehn Milliarden Menschen bereitzustellen.

Ein Weg ist, ich deutete es bereits an, sicher der zunehmende Ersatz von tierischen Proteinen (Fleisch, Milch) durch solche pflanzlicher Herkunft (Soja). Gänzlich neue Perspektiven, aber auch Hoffnungen, eröffnen sich dank der breiten Forschungsanstrengungen, die auf dem Gebiet der Biotechnologie gemacht werden.

Damit ist die Bedeutung der Forschung angesprochen, ohne deren Erkenntnisse die entsprechenden Strategien nicht verwirklicht werden können. Nestlé verfügt, wahrscheinlich einzigartig in unserem Bereich, über ein integriertes Forschungs- und Entwicklungssystem, das sowohl angewandte wie Grundlagenforschung in den Bereichen menschliche Physiologie, Gesundheit, Ernährung und Rohstoffe betreibt. Aus diesem System können sehr wohl Produktefelder kommen, an die wir zur Zeit noch gar nicht denken, gerade in der Grauzone zwischen präventiver Medizin und Ernährung.

Daneben spielt die Forschung eine ganz wichtige Rolle bei der Bewältigung der Umweltprobleme. Exponentiell steigendes Umweltbewußtsein, für uns nicht zuletzt im Bereich der Verpackung von Bedeutung, zwingt uns dazu, nach neuen technologischen Lösungen und nach ihrer Interaktion mit dem biologischen Produkt Nahrungsmittel zu suchen.

Auf den Arbeiter in der Nestlé-Fabrik des Jahres 2000 kommen ganz neue Anforderungen zu. Wir vermeiden allerdings in diesem Zusammenhang den Ausdruck »partizipatives Management«, da dieser Begriff ideologisch aufgeladen ist und zu Mißverständnissen führen kann; wir praktizieren hingegen ein weitreichendes und dauerndes Einbeziehen unserer Mitarbeiter in allen Fragen, die ihre Tätigkeit und ihren Arbeitsplatz betreffen.

Unsere Nachwuchsmanager sind offen gegenüber den Trends ihrer Zeit und verspüren gleichzeitig wegen des härteren globalen Wettbewerbs auch betriebsintern den Druck. Es ist daher eine ständige Aufgabe der Führung, sich um diese Mitarbeiter besonders intensiv zu kümmern. Nicht nur hängt die Motivation der unteren Stufen davon ab, sondern aus dem Kader werden auch die Führungspersönlichkeiten der Zukunft rekrutiert. Grund genug, es auf dieser Stufe nicht zur inneren Demission und Resignation kommen zu lassen. Bestes Mittel dagegen ist eine sorgfältige Pflege des Betriebsklimas, ein direkter und persönlicher Führungsstil und vor allem eine glaubwürdige Unternehmensführung.

Wer den Zug in Richtung Wandel verpaßt, sieht sich angesichts des steigenden Wettbewerbsdruckes vor der Alternative, Neuerungen im Hauruckverfahren durchziehen zu müssen, mit all den Kosten, die dabei entstehen, oder aber einen Wettbewerbsnachteil nach dem anderen in Kauf zu nehmen.

Schneller dank Computer

Die bereits vor einigen Jahren begonnene Einführung von Computernetzwerken verändert Arbeitsmethoden und Arbeitsplätze, und es ist abzusehen, daß die Veränderungen noch viel einschneidender werden und vor allem in rascherer Abfolge kommen. Unsere Mitarbeiter müssen darauf vorbereitet werden: Mentalitätswandel läßt sich im Befehlsverfahren nicht durchsetzen. Ein behutsames Vorgehen, das die verständlichen Ängste des einzelnen vor der Veränderung respektiert und seine Anpassungsfähigkeit nicht überfordert, zeigt letztlich schneller Resultate als große Kampagnen, die am Unverständnis der Mitarbeiter und des Kaders scheitern.

Ein zentraler Punkt ist die Einbindung des Mitarbeiters in den Prozeß: Der Anwender muß entscheiden, nicht der Spezialist. Und angesichts der Tatsache, daß es sich um bedeutende Investitionen im Hinblick auf die Anforderungen der Zukunft handelt, scheint es mir auch geboten, daß die Unternehmensspitze der Informatik vermehrt ihre Aufmerksamkeit widmet. Wir haben sie beispielsweise auf Direktionsebene angesiedelt und bearbeiten mit zwei Projektgruppen sämtliche Bereiche, von der Produktionsplanung bis zur Telekommunikation für den gesamten Unternehmensbereich.

Die Konsequenzen und Vorteile sind klar: Ein leistungsfähiger Rechnerverbund erlaubt die kurzfristige Abstimmung von Produkten und Verkauf. Er gibt dem Unternehmen einen zeitgleichen Zugriff auf Daten in Märkten, im Handel, bei Geschäftspartnern und damit die Möglichkeit, rechtzeitig zu reagieren. Die Flexibilisierung und Beschleunigung des Entscheidungsprozesses entspricht gerade im sehr viel rascheren Marktgeschehen des globa-

len Wettbewerbs einer Notwendigkeit. Gleichzeitig besteht aber die Versuchung, die Unternehmensführung zu zentralisieren und den operationellen Spielraum der lokalen Führung einzuschränken.
Dieser Gefahr kann man aber durch vermehrte Bemühungen um Koordination, Einbinden der lokal Verantwortlichen in Entscheidungsprozesse, persönliche Kontakte und Vertrauen begegnen. Die Technologie darf jedoch nicht zum Selbstzweck werden. Die technische Spielerei hemmt die qualitative Dimension, die sich durch die Einführung und allgemeine Anwendung des Computers ergibt.

Brot für die ganze Welt

Die Sorge um das tägliche Brot spielt in der Geschichte der Menschheit eine entscheidende Rolle. Thronwechsel, Völkerwanderungen, Kriege, religiöse, kulturelle, soziale, technische und demographische Entwicklungen waren oft primär von der beherrschenden Angst vor dem Hunger bestimmt. Je weiter die Entwicklung der Menschheit fortschritt, desto eher wurde sie fähig, die Zusammenhänge zwischen Witterung und Ernte, zwischen Lagerung, Verteilung und Verzehr zu verstehen, zu beeinflussen und schließlich so zu beherrschen, daß heute nach menschlichem Ermessen selbst ein Klimawechsel noch nie dagewesenen Ausmaßes nicht zu einer pandemischen Hungerkatastrophe führen würde.
In dieser Entwicklung spielte die Nahrungsmittelindustrie eine ganz entscheidende Rolle, erlaubt sie es doch, biologische Materialien, deren Lagerung und Aufbewahrung über längere Zeiträume nicht möglich ist, dem drohenden Verderb zu entziehen und zu lange haltbaren, sicheren Produkten zu verarbeiten. Eine rein mechanistische Sicht der landwirtschaftlichen Produktion greift zu kurz, und die Komplexität des Food-Bereiches, von der Landwirtschaft bis zum Konsum, läßt sich entgegen den Wünschen mancher bürokratischer Träumer nicht auf dem Verordnungsweg regeln.

Gleichzeitig muß man aber wissen, daß die oft belächelte Unfähigkeit des Systems, zwischen Überproduktion und Mangel einen vernünftigen Mittelweg zu finden, im Grunde genommen relativ kleine Quantitäten betrifft: 1,5 Prozent mehr Milch in der EG führen zu Milchpulverreserven und Butterbergen, 1,5 Prozent Ernteausfall in der Hirseproduktion eines afrikanischen Staates kann für gewisse Bevölkerungsgruppen eine Hungerperiode bedeuten.
Dieses ungeahnt komplizierte und umfangreiche System – weiß man, daß in den USA beispielsweise der Food-Sektor insgesamt einen Umsatz von einer Billion (1000 Milliarden) Dollar erzielt, mehr als Informatik, Autos oder Erdöl? – erlaubt es, heute schon über fünf Milliarden Menschen, viele davon mehr schlecht als recht, zu ernähren. Bis zum Jahre 2100 wird sich die Menschheit möglicherweise verdoppelt haben. Ist sie überhaupt satt zu kriegen, und wenn ja, wie?

Auf Wachstumskurs

Unter- und Fehlernährung ist immer noch ein Problem breiter Kreise in Entwicklungsländern. Selbst dort, wo an sich die Produktion landwirtschaftlicher Güter die Bedürfnisse der gesamten Bevölkerung befriedigen könnte, kommt es wegen Armut, mangelnder Ausbildung und festgefahrenen sozialen Strukturen zu endemischer Unterernährung, die vor allem die sozial schwächeren Gruppen, wie Kinder und Frauen, trifft. Die Erfahrung zeigt, daß eine Gängelung der Bauern über zu tiefe Erzeugerpreise oder gar der Versuch einer Kollektivierung ausnahmslos in Hungerkrisen endet.

Es gibt keinerlei Grund, der Panikmache gewisser Kreise über die angeblich schlechtere Qualität der modernen Produkte Glauben zu schenken. Die Menschen in der industrialisierten Welt essen heute besser, sicherer und abwechslungsreicher, als es ihre Vorfahren taten; das Problem, sofern es tatsächlich eines ist: Wir essen vielleicht auch mehr oder gar zuviel – und tun uns damit keinen Gefallen.
Der Neomalthusianismus gewisser Grüppchen im linken und grünen Lager liegt falsch. Stimmt, es wird nicht möglich sein, zehn Milliarden Menschen so zu ernähren, wie wir es heute im Westen tun. Statt Proteinen und Kohlehydraten tierischer Herkunft werden wir uns schon aus Kostengründen auf den vermehrten Einsatz pflanzlicher Stoffe einstellen müssen. Technologien dafür sind teils schon vorhanden, sind teils in Entwicklung. Diese Ernährung wird ebenso schmackhaft, abwechslungsreich und mit Sicherheit noch gesünder sein als jene, die wir heute kennen.
Um diese seit menschlicher Urzeit angestrebte Ernährungssicherheit zu erreichen, müssen wir alle verfügbaren Technologien prüfen und dürfen uns von der pathologischen Fortschrittsangst gewisser Gruppen nicht irremachen lassen. Es gibt sehr gute Gründe für die Anwendung der Bestrahlungsmethode bei gewissen Produkten; die Gentechnologie kann bei der Verbesserung von Rohstoffen aller Art den entscheidenden Durchbruch bringen. Soll die Menschheit auf diese Chancen verzichten, weil sie einigen wohlgenährten Desasterpropheten nicht ins Konzept paßt?
Für die Nahrungsmittelindustrie bedeutet diese Situation Verpflichtung und Chance zugleich. Nestlé gibt Jahr für Jahr weit über eine halbe Milliarde Franken für Forschung und Entwicklung aus. Unsere Aufwendungen auf

diesem Gebiet haben sich während der letzten acht Jahre versiebenfacht, und ein Drittel davon geht in die Grundlagenforschung. Das ist ein Zeichen für die langfristige Ausrichtung der Geschäftspolitik, aber auch für die Tatsache, daß für die Nahrungsmittelindustrie eine vertiefte Kenntnis der Ernährungsbedürfnisse, des Zusammenwirkens von Ernährung und Wohlbefinden und selbstverständlich eine vollständige Kenntnis der verwendeten Rohstoffe und ihrer Anpassungs- oder Verbesserungsmöglichkeiten notwendig ist.

Der früher gängige Pessimismus über die Wachstumschancen unserer Industrie in der westlichen Welt hat sich nicht bewahrheitet. Neue Anforderungen des Konsumenten schaffen ständig neue Bedürfnisse. Zweifelsohne werden wir in wenigen Jahren schon Produkte auf dem Markt sehen, die einen Beitrag zur Prävention von gewissen Krankheiten leisten (zum Beispiel Osteoporose). Und schließlich wird der Mensch aller Altersklassen auch weiterhin Vergnügen an Schokoladeprodukten finden, die einem universell als angenehm empfundenen Geschmacksprofil entsprechen.

Osteuropa ist ein ganz neues Kapitel. Nachdem wir schon seit Jahren in Ungarn und Jugoslawien Lizenzproduktionen kannten, eröffnen sich jetzt völlig neue Horizonte. Ich fürchte zwar, daß einige Beobachter die tatsächliche Situation dieser Staaten noch allzu rosig sehen und die Absolutheit des Neubeginns unterschätzen. Doch die Chancen sind reell, und wir haben für die nächsten Jahre unsere Prioritäten entsprechend umformuliert. Entscheidungen über Engagements in Ungarn und der Tschechoslowakei sind bereits gefallen. In der früheren DDR sind logischerweise die Leute von Nestlé Deutschland am Drücker. Andere Möglichkeiten, bis hin zur Sowjetunion, werden geprüft und ohne Euphorie und Wunschdenken entschieden. Entgegen der veröffentlichten Meinung ist es nämlich gar nicht entscheidend, als erster im Gespräch zu sein. Den Ausschlag gibt die Fähigkeit, ein einmal beschlossenes Projekt auch zum erfolgreichen Abschluß zu bringen.

In diesem Sinne leisten effektive Unternehmen schlagkräftige Hilfen zur Entwicklung. Doch unser Engagement geht weit darüber hinaus. Wir unterstützen tatkräftig sinnvolle Entwicklungshilfe. Gleichwohl ist die Frage erlaubt: Warum sollen wir, als Privatunternehmen, das über 100 000 Aktionären gehört, eigentlich Entwicklungshilfe und Entwicklungspolitik anderer Organisationen unterstützen? Wir sind ein Unternehmen, das mit konkurrenzfähigen Marktleistungen, durch Befriedigung von Konsumentenwünschen einen Gewinn erzielen will, der in einer konsum- und wettbewerbsorientierten Marktwirtschaft bei guter Leistung entsteht und letztlich den Aktionären als Lohn für das eingesetzte Risikokapital zur Verfügung steht. Natürlich fühlen wir uns dabei auch allen anderen Gruppen verpflichtet, die zu dieser Leistung beigetragen haben und dafür auch honoriert werden müssen.

Darüber hinaus erfüllen wir unsere gesetzlichen Verpflichtungen und zahlen auf der ganzen Welt Steuern, auch Gewinnsteuern, mit denen die einzelnen Staaten ihre Gemeinschaftsaufgaben erfüllen können, wozu natürlich auch die Entwicklungshilfe gehört. Warum also – als ertragsorientiertes Unternehmen – nochmals Geld und zeitlichen Aufwand, gewissermaßen als freiwillige Steuer, abzweigen – ob für Entwicklungshilfe oder auch andere wichtige Gemeinschaftsaufgaben, ob in der Dritten Welt oder in Industrieländern?

Entwicklung als Gemeinschaftsaufgabe

Unsere Ertragsorientierung ist eine langfristige. Wir streben nicht nach kurzfristiger opportunistischer Gewinnmaximierung. Verantwortliches Management und verantwortlich handelnde große Unternehmen wissen sehr wohl, daß solche kurzfristigen Schachzüge langfristig nicht immer sinnvoll sind oder sogar negative Wirkungen zeitigen. In diesem Sinne schafft langfristige Entwicklungspolitik und Entwicklungshilfe mehr Wohlstand und mehr Stabilität in Entwicklungsländern, hilft, Konflikte zwischen Nord und Süd zu entschärfen, und fördert ganz allgemein die so notwendige internationale Kooperation. An all diesen Entwicklungen muß ein multinationales Unternehmen interessiert sein, und von daher ergibt sich auch eine langfristige Berechtigung der Unterstützung solcher Tätigkeiten.

Eine Firma wie Nestlé muß daran aber noch ein ganz spezifisches Interesse haben. Einmal sind wir das multinationale Unternehmen par excellence, da wir nur 2 Prozent unseres Umsatzes in der Schweiz, unserem Heimatland, erzielen und deswegen von positiven internationalen Entwicklungen wie wohl kein anderes multinationales Unternehmen abhängen, und zum anderen sind wir seit über sechzig Jahren industriell in dem heute als Dritte Welt bezeichneten Teil der Erde tätig und betreiben dort rund hundert Fabriken. Als Lebensmittelverarbeiter stehen wir der Landwirtschaft besonders nahe, befriedigen ein Grundbedürfnis der Menschheit, nämlich Ernährung. Wohlstand und Bevölkerungsentwicklung sind wichtige Faktoren für unsere eigene Entwicklung.

Darüber hinaus sind wir als großes Unternehmen zu sozialer Verantwortung im weitesten Sinne verpflichtet,

zu einer Politik und einer Haltung, die heute allgemein vom Bürger, von den Menschen erwartet und auch vom Aktionär und Kapitalgeber akzeptiert wird. Diese Verpflichtung gilt insbesondere, wenn das Unternehmen auf sicheren Füßen steht und einen guten Ertrag erwirtschaftet.
Auf der Grundlage dieser allgemeinen Politik erhebt sich dann die Frage: Wohin soll die Stoßrichtung unserer eigenen Beiträge gehen, welche Organisationen verdienen im besonderen unsere Unterstützung? Es gibt ja gerade in der Schweiz neben der öffentlichen Hilfe eine Reihe von privaten Hilfswerken, und die Gefahr ist groß, daß man sich durch die Unterstützung vieler Organisationen verzettelt und nach dem Gießkannenprinzip vorgeht; ganz läßt sich dies – wie alle Eingeweihten wissen – ja ohnehin nicht vermeiden.

Berufsausbildung oft im argen

Solide handwerkliche Ausbildung ist eine wichtige Grundlage für den Fortschritt aus eigener Kraft. Bereits Adam Smith sagte: »Zum Wohlstand kommt ein Volk nur durch gut getane, eigene Arbeit.« Handarbeit wird aber gerade in der Dritten Welt häufig geringgeschätzt; Akademiker genießen ein weit höheres Prestige. Deshalb liegt die Berufsausbildung oft im argen. Wir kennen das Problem aus eigener Erfahrung. Nestlé bildet in der Dritten Welt Tausende von Menschen in diesen Berufen aus – auch dies ist eine Art Entwicklungshilfe, die oft zuwenig gesehen wird. Wir fördern die Ausbildung und Wissensvermittlung, die den lokalen Verhältnissen angepaßt werden. Sie erfolgen auch in der Lehrwerkstatt durch »On-the-job-Training«, durch Beratung oder Abendkurse.

Es ist heute unbestritten und kann vielfach bewiesen werden, daß vernünftige industrielle Tätigkeit in der Dritten Welt und alles, was damit an Aufbau und Entwicklung verbunden ist, einen besonders wichtigen Beitrag für die Entwicklung der Dritten Welt darstellt. Als Nahrungsmittelhersteller sind wir von der ersten Phase an mit dabei. Wir beschränken uns auch nicht nur auf die Umwandlung verderblicher Rohstoffe in haltbare Form, verbunden mit Ernährungssicherheit, gesundheitlichen Aspekten und Anreicherung des Ernährungsangebotes, sondern wir kümmern uns auch direkt um die Produktion der Rohstoffe – allerdings nicht im Sinne einer vertikalen Integration. Wir besitzen keine Kaffee- oder Kakaoplantagen oder Milchfarmen. Hingegen gibt unser landwirtschaftlicher Beratungsdienst den Bauern, das heißt unseren Lieferanten, Unterstützung auf dem Gebiet der Milchwirtschaft (Viehzucht, Futterwirtschaft, Silobau). Von unseren 1000 weltweit tätigen Landwirtschaftsberatern sind allein 900 in der Dritten Welt im Einsatz.
Ziel dieses Beratungsdienstes ist es, einerseits den Bauern zu helfen, die Milchproduktion pro Kuh und damit sein Einkommen zu erhöhen und die Trockenperioden zu überwinden, ohne daß ein Teil des Viehbestandes verhungert. Damit kann andererseits die Milchfabrik mit regelmäßigen Frischmilchlieferungen rechnen, wodurch unsere Anlagen rentabler betrieben werden können. So profitieren beide Seiten. Mehr und mehr kümmern wir uns im Rahmen unserer heutigen Produktpalette auch um viele Pflanzen und Rohstoffe, um mitzuhelfen, Qualität und Erträge zu steigern, Pflanzen für andere klimatische oder Bodenverhältnisse zu adaptieren oder aber an industrielle Prozeßbedingungen anzupassen.
Wir befolgen im Grunde genommen seit Jahrzehnten in

unserem relativ bescheidenen Rahmen genau jene Politik, welche heute von der FAO, der Weltbank und anderen Institutionen der Dritten Welt aufs wärmste empfohlen wird: nämlich Entwicklung der Landwirtschaft und der damit verbundenen Industrie zwecks Verbesserung der Ernährungsgrundlage und Schaffung von Arbeitsplätzen bei den Bauern wie in den Fabriken. Da unsere Betriebsstätten in der Regel in ländlichen Regionen, weitab von den Ballungszentren der Großstädte errichtet werden, leisten sie zudem einen Beitrag zum Kampf gegen die Landflucht.

Unsere industrielle Tätigkeit wirkt sich ja nicht nur auf die Bauern und unsere Mitarbeiter günstig aus. Auch die Zulieferindustrie, Gewerbe und Handel werden stimuliert, der Staat erhält zusätzliche Steuereinnahmen. Vor allem aber erfolgt durch die Ausbildung der Mitarbeiter ein Transfer von technischem und administrativem Wissen. Der wachsende Wohlstand im Einzugsgebiet einer Fabrik ist offenkundig, denn man kann ohne Übertreibung sagen, daß pro Arbeitsplatz in der Fabrik 25 weitere Leute direkt oder indirekt einen Brotverdienst bekommen. Wenn man noch die Familienangehörigen dazuzählt, bedeutet dies, daß bei einer Belegschaft von 350 Mitarbeitern etwa 40 000 bis 50 000 Menschen ausschließlich oder teilweise von der Tätigkeit der Milchfabrik leben.

Es ist offensichtlich, daß sich die Industrie bei Investitionen in der Dritten Welt viel stärker engagieren muß als bei solchen in Industrieländern. Häufig muß sie selbst die Infrastruktur ergänzen (Wasser, Elektrizität, Straßenbau). Vor allem erwartet sie eine ungeheure Aufgabe nicht nur bei der Ausbildung der lokalen Arbeitskräfte, sondern auch der lokalen Lieferanten. Oft ist solche Arbeit nur langfristig rentabel.

Die wachsende Bedeutung der Lebensmittelindustrie in der Dritten Welt zeigt sich auch am Verstädterungsprozeß. Die Bevölkerungen der Großstädte sind in zunehmendem Maße auf konservierte Lebensmittel angewiesen, die sich auch bei klimatisch ungünstigen Bedingungen über längere Distanzen transportieren lassen.
Bisweilen hört man die Bemerkung, daß unsere Produkte, die wir in den Entwicklungsländern produzieren, zu teuer seien. Es ist zwar richtig, daß unsere Produkte nicht billig sind und von den Ärmsten nicht oder nur in einem beschränkten Ausmaß gekauft werden können. Diese Produkte wären für sie aber auch zu teuer, wenn wir sie ohne Gewinn, das heißt im Durchschnitt um 5 Prozent billiger, verkaufen würden. Wir stoßen hier an die Grenzen der Handlungsmöglichkeiten einer Unternehmung und berühren den Verantwortungsbereich der Regierungen in den einzelnen Ländern. Regierungen können im Rahmen ihrer Sozialpolitik gewisse Produkte zu subventionierten Preisen an die ärmsten Bevölkerungsschichten abgeben. In solchen Fällen liefern wir unsere Produkte, wie Milchpulver, den Regierungsinstitutionen praktisch zu Gestehungskosten; aber es übersteigt die Möglichkeiten einer Unternehmung, selbst nationale Sozialpolitik zu machen.

Vergütung für Technologietransfer

In diesem Zusammenhang auch ein Wort zum Verschuldungsproblem der Dritten Welt. Es besteht kein Zweifel, daß die starke Schuldenlast, wie immer sie auch entstanden sein mag, die Entwicklung in der Dritten Welt beeinträchtigt, weil der Gürtel enger geschnallt und eine Reihe von harten Maßnahmen getroffen werden muß, um langsam aus dieser Misere herauszukommen. Mit der Zeit setzt sich die Erkenntnis durch, daß die Begünstigung von privaten ausländischen Investitionen für diese Länder sinnvoller und gewinnbringender ist als die Schuldenaufnahme bei Banken oder internationalen Organisationen.

Wenn private Investitionen erfolgreich sind, profitieren alle davon, und der langfristig entstehende Gewinn für die privaten Investoren, einschließlich einer Vergütung für Technologietransfer, stellt nur einen Bruchteil des tatsächlichen Nutzens und Gewinnes dar, den das betreffende Land hieraus zieht. Natürlich sind wir als Investoren gewinnorientiert, aber wir freuen uns sehr über diesen positiven Effekt für das Land. Es ist überhaupt unsere erklärte Politik bei Nestlé, daß wir nur Projekte anfassen und industrielle Tätigkeit in Gang setzen, die langfristig im beiderseitigen Interesse liegen. Nur solche Investitionen und Tätigkeiten werden auf die Dauer Bestand haben.

Wenn jedoch eine bestimmte Investition oder wirtschaftliche Tätigkeit nicht zum Erfolg führt, dann braucht kein Land Schulden zurückzuzahlen, dann ist dies unser alleiniges Risiko und unser alleiniger Verlust. Ich hoffe, daß sich diese Erkenntnis mehr und mehr durchsetzt und das Klima für private ausländische Investitionen sich noch weiter verbessern wird.

Das Ziel, die Entwicklung der Dritten Welt, die Verbesserung der Lebensbedingungen, die Erhöhung der internationalen Stabilität und Zusammenarbeit, ist uns allen gemeinsam. Die Wege und der Grundansatz sind unterschiedlich. Hier der langfristige Gewinnansatz mit der Genugtuung, gleichzeitig konkrete und wirksame Entwicklungsimpulse zu vermitteln, dort der direkte Zweck, mit von anderen zur Verfügung gestellten Geldern Entwicklungshilfe zu betreiben und zu unterstützen, ohne in irgendeiner Form einen Ertrag zu erwarten. Diese Arbeit der Entwicklungshilfeorganisationen mit ihrer Einstellung, ihrer anders gelagerten Tätigkeit und ihrer langjährigen Erfahrung, kann auch uns interessante Anregungen bringen.

Sie haben eine andere Prioritätenskala, eine andere Schwerpunktbildung, die uns sinnvolle und nützliche Hinweise geben können, wo wir vielleicht die Dinge zu kommerziell anpacken oder wo Nebenwirkungen soziologischer oder mentaler Art entstehen, die vielleicht nicht erwünscht sind und die wir langfristig in unsere Planung und in unsere Politik einbeziehen müssen. Ihre Erfahrungen und ihre Meinungen können wir sicher in der Zukunft noch mehr für unsere eigene Tätigkeit nutzen.

Andererseits können wir, neben unseren direkten, geldmäßigen Beiträgen, vermehrt wirtschaftliche und Effizienzüberlegungen in die Arbeit dieser Organisationen einbringen und die Gedanken unterstützen und stärken, nämlich daß karitative Hilfe und bloßes Geben – ohne den Aspekt der Hilfe zur Selbsthilfe – in der Regel keinen Erfolg haben. Schon der heilige Augustinus hat es einmal deutlich gesagt, nämlich: »Man gibt Almosen, um der Not abzuhelfen, aber nicht, um die Faulheit auf die Weide zu treiben.« Ein Spruch, der übrigens generell gilt und auch manchen Sozialpolitikern ins Stammbuch geschrieben werden sollte.

Es gehört heute in gewissen Kreisen geradezu zum guten Ton, die bisherige Arbeit in der Dritten Welt zu diskreditieren – nicht nur die Entwicklungshilfe, sondern vor allem auch die Tätigkeit der Multis. Es macht sich eine gewisse Enttäuschung breit, daß in den letzten Jahrzehn-

ten die Probleme nicht verschwunden sind, sondern teilweise noch zugenommen haben. Dabei werden die Erfolge einfach übersehen oder als selbstverständlich hingenommen.
Die Lebenserwartung der Menschen in den Entwicklungsländern ist beträchtlich gestiegen, Säuglingssterblichkeit und Kindersterblichkeit sind gesunken. War Indien früher von chronischen Hungersnöten geplagt, so ist es heute Getreideexporteur. Die Länder Südostasiens haben sich von einer der ärmsten Gegenden dieser Erde zu sogenannten Schwellenländern und harten Konkurrenten auf den Weltmärkten emporgearbeitet.
Aber man kann nur dort Erfolg haben, wo man von den kulturellen und sozialen Gegebenheiten im Partnerland ausgeht. Außerdem ist Entwicklung ein geschichtlicher Vorgang und braucht, wie jede historische Veränderung, Zeit. Entwicklung kann ferner nicht durch die Übertragung von noch soviel Kapital erzwungen werden. Ebenso wichtig ist die Übertragung von Know-how, von Wissen, von grundsätzlichen Haltungen und Auffassungen. Schließlich hat die Erfahrung gezeigt, daß marktwirtschaftliche Elemente auch in den Entwicklungsländern Voraussetzung für jenes Klima sind, in dem Menschen ihre Fähigkeiten bestmöglich entfalten und in dem Leistung heranreift. Ein Mindestmaß an Leistungsanreiz und dezentrale Steuerung ist überall Voraussetzung für eine leistungsfähige Wirtschaft.

Herausforderung in den Schwellenländern

Schwellenländer sind Länder, die sich definitionsgemäß an der Schwelle oder in einer Übergangsphase zu einem

Industrieland befinden. Man spricht auch oft von den sogenannten »newly industrializing countries«. Sie haben in der Regel noch niedrige Lohn- und Arbeitskosten, aber andererseits schon eine höherentwickelte Technologie.
Ihre Industrie beschränkt sich keineswegs mehr auf Produktgruppen der Textil-, Schuh- und Bekleidungsindustrie und andere typische Drittweltgüter, sondern hier werden auch Dinge produziert wie Fernseher, Telefone, Radargeräte, elektrische Haushaltsapparate, feinmechanische und optische Erzeugnisse, Uhren oder Fahrzeuge.
Schwellenländer zeichnen sich in der Regel durch hohe Wachstumsraten aus. Asiatische Schwellenländer wie Südkorea oder Singapur haben zu Beginn der neunziger Jahre Wachstumsraten zwischen 7 und 10 Prozent verbucht. Auch in dem lateinamerikanischen Schwellenland Mexiko hat die marktwirtschaftliche Politik des Präsidenten Salinas zu einer erheblichen Steigerung des Bruttosozialprodukts geführt.
Es wäre falsch, alle Schwellenländer über einen Leisten zu schlagen. Sie haben doch wohl eine sehr heterogene Struktur, was die Bevölkerungsdichte betrifft, den Anteil der Stadtbevölkerung, die Arbeitslosenrate, die Inflationsrate und auch die Außenverschuldung.
Während Nestlé vom Kapital her gesehen mehrheitlich ein Schweizer Unternehmen ist und auch einige Schweizer Grundtugenden als Bestandteil seiner Philosophie betrachtet, gibt sich das Unternehmen absolut kosmopolitisch, weltoffen und international. Außerdem wollen wir eine Gesellschaft sein, die mehr menschen- und produktorientiert ist als systemorientiert.
Im Gegensatz zu anderen schweizerischen Unternehmen liegt das Hauptgewicht unserer Tätigkeit in der lokalen

Produktion, die auch primär für den lokalen Konsum bereitgestellt wird. Nestlé besitzt in über dreißig Schwellenländern hundert Fabriken. Die Exporte von der Schweiz aus in diese Schwellenländer sind, was Nestlé anbetrifft, praktisch bedeutungslos. Hingegen exportieren wir in einem gewissen Ausmaß vom EG-Raum und von Australien Milchkonserven und diätetische Produkte nach diesen Ländern.

Was sind nun die Chancen für Nestlé in diesen Ländern? Ganz allgemein kann man sagen, daß in diesen Ländern eine wachsende Nachfrage nach Nahrungsmitteln besteht. Das starke Bevölkerungswachstum ist Chance und Problem. In diesen Ländern sind 50 Prozent der Bevölkerung in der Regel unter zwanzig Jahre alt. Jeder kann sich die Exponentialkurve ausrechnen, die daraus für das Bevölkerungswachstum entsteht. Gleichzeitig steigt aber auch, unabhängig von vorübergehenden Problemen, die Kaufkraft. Und in diesen Ländern ist die Zunahme der Kaufkraft noch stark korreliert mit der Zunahme des Nahrungsmittelkonsums allgemein und industriell hergestellter Produkte im besonderen. Teilweise bringt überhaupt erst die Zunahme der Kaufkraft neue Bevölkerungsschichten in den Markt für industriell hergestellte Nahrungsmittel.

Das Umsatzwachstum von Nestlé in den Schwellenländern war deshalb in den letzten zehn Jahren auch überdurchschnittlich. Aufgrund dieser günstigen Entwicklung war es uns möglich, eine stattliche Anzahl neuer Nestlé-Fabriken in diesen Ländern zu eröffnen. Während wir 1981 beispielsweise in Venezuela nur eine und in Thailand erst zwei Fabriken besaßen, konnten wir deren Anzahl bis 1991 auf jeweils fünf erhöhen. Auch Ägypten und Kontinental-China konnten wir in diesem Zeitraum als neue Standorte gewinnen. Dieses Wachstum ist Resultat unserer Politik und unserer Investitionen in diesen Ländern.

Ideologische Begleitmusik

Die Politik von Nestlé in diesen Ländern, nämlich die Entwicklung und Verstärkung der lokalen Produktion, wird von den Regierungen grundsätzlich begrüßt. Die ideologische Begleitmusik, die wir in dieser Hinsicht ab und zu hören, spielt in der Praxis und bei den Leuten, die die Materie genau übersehen, eine geringe oder überhaupt keine Rolle. Die Probleme liegen mehr in nationalistischen Tendenzen und finanziellen Gesichtspunkten.
Die grundsätzlich positive Einstellung zur Ausweitung der lokalen Produktion, mit unserer Hilfe, hat in der Hauptsache folgende Gründe:

- Einsparung von Devisen,
- Schaffung von Arbeitsplätzen,
- Ausbildung von Arbeitskräften,
- Transfer von Know-how,
- vermehrte Steuereinnahmen,
- Erhöhung der Kaufkraft, und zwar gerade in den breiteren Schichten der Bevölkerung bei Bauern und andere Lieferanten, bei den Mitarbeitern oder im Dienstleistungssektor,
- positiver Beitrag zum regionalen Gleichgewicht, da der weitaus größere Teil unserer Fabriken außerhalb der großen Ballungszentren liegt,
- starke Reduzierung der Nahrungsmittelverluste, da unsere Produkte haltbar und über längere Distanzen transportierbar sind.

Schließlich entsteht durch unsere Produktion eine positive Impulswirkung auf die Landwirtschaft, ein Hauptpunkt in jeder nationalen Entwicklungsplanung. Hier geht es nicht nur um die Verbesserung der Anbaumethoden und um eine bessere Auswahl der Pflanzen, um die Erhöhung des Milchertrages pro Kuh, sondern auch um die Möglichkeit, den Bauern einen stabileren Absatz zu höheren Preisen zu garantieren.
Insgesamt würde man also meinen, daß hier eine geradezu ideale Gemeinsamkeit von langfristigen Interessen besteht, nämlich bezüglich des Beitrages zur langfristigen Entwicklung dieser Länder und zum anderen im langfristigen Ausbau unserer Aktivitäten und unserer Geschäftsentwicklung mit diesen Ländern.
Definition und Abgrenzung der Schwellenländer sind problematisch. Das Pro-Kopf-Einkommen ist nicht immer eine klare Indikation für Armut oder Hunger. Die Lebensqualität eines Bauern mit hohem Selbstversorgungsgrad, in einer warmen Klimazone, kann mit ökonomischen Kriterien und mit unseren Vorstellungen nicht voll erfaßt werden. Ich möchte damit aber auf keinen Fall echte Probleme über den Hunger in der Dritten Welt verharmlosen.
Hinzu kommt, daß zur ökonomischen Definition von Schwellenländern das durchschnittliche Pro-Kopf-Einkommen fragwürdig ist. Man weiß, wie hoch die Einkommensunterschiede in all diesen Ländern sind. Berühmt ist die Geschichte von dem Mann, der beim Durchschreiten eines Flusses ertrunken ist, obwohl dieser Fluß durchschnittlich nur 1,50 Meter tief war. Nehmen wir Länder wie Indien, Indonesien oder Malaysia. Dort besitzen schon erhebliche Bevölkerungsanteile eine Kaufkraft, die volkswirtschaftlich völlig anders einzustufen ist als im

Durchschnitt anderer Schwellenländer. Unternehmenspolitisches Handeln muß deshalb auf bestimmte Segmente ausgerichtet werden. Ein solches Segment, beispielsweise in Indien umfaßt rund 100 Millionen Menschen; ein guter Grund also, sich in diesem Land zu engagieren.

Nun gibt es gewisse nationalistische Tendenzen sowie Überfremdungsbefürchtungen, die teilweise mit ökonomisch-sozialen Vorstellungen verbunden sind und kein günstiges Klima für ausländische private Investoren schaffen. Gleichzeitig haben diese Länder einen hohen Verschuldungsgrad, Zahlungsbilanzungleichgewichte sowie einen hohen Kreditbedarf. In Zukunft sollte man bei der Vergabe von Krediten durch industrialisierte Länder, internationale Finanzinstitute und Bankenkonsortien mehr darauf achten, daß gleichzeitig auch die Investitionsbedingungen und die Sicherheit für privates Kapital gewährleistet sind. Das private Kapital kann einen wesentlichen Beitrag leisten, weil es auf eigenes Risiko tätig ist und nicht zurückbezahlt zu werden braucht.

Weitere Problemkreise sind starke Eingriffe des Staates, Bürokratie, Schwerfälligkeit, ferner Schwierigkeiten mit Entgelt für Technologietransfer, Dividendenbeschränkung, Dividendentransferierung bei starker Inflation, Preiskontrollen bei starker Inflation, keine Abschreibungen auf Basis von Wiederbeschaffungspreisen für Anlagen, monetäre Probleme, Abwertungen, geringer Return in Schweizer Franken im Vergleich zu den lokalen Gewinnen, die Gefahr von Verstaatlichungen.

In einigen Ländern gibt es keine Möglichkeit, die Kapitalmehrheit zu behalten. Hierbei geht es nicht nur um die vielleicht berechtigte Beteiligung lokaler Aktionäre, son-

dern um Managementverantwortung. Manchmal begegnen wir auch kurzfristigem und frühkapitalistischem Denken seitens der lokalen Aktionäre (Gleichgültigkeit gegenüber Qualität, Arbeitsbedingungen, Tendenz zu kurzfristiger Gewinnmaximierung statt langfristig orientierter Politik). Hier können Probleme auftauchen, wenn die Entscheidung bei einer lokalen Kapitalmehrheit liegt. Natürlich gibt es sehr viele vernünftige Regierungen und Vereinbarungen, und die Suppe wird oft nicht so heiß gegessen wie gekocht. Oft wird mir auch im Gespräch gesagt: »Wir müssen dies alles aus politischen Gründen so halten, aber im konkreten Falle verhalten wir uns pragmatisch.« Importrestriktionen, manchmal auch auf Maschinenimporten, häufig verbunden mit hohen Zöllen, erschweren dann oder aber verteuern eine lokale Produktion.
Hinzu kommen Kosten- und Qualitätsprobleme, geringer Milchertrag je Kuh, Milcheinzugskosten oft viel höher, Probleme mit Verpackungsmaterial, Hygiene und Kontrolle, Niveau der Arbeitskräfte (Organisationsgrad und Disziplin). Aus all diesen Gründen sind die Herstellkosten in diesen Ländern manchmal weniger günstig, als man im Vergleich zu Europa annimmt. Und schließlich muß man vorbereitet sein auf mentale und pyschologische Fragen, Korruption und Nepotismus, antiindustrielle Mentalität, verschiedene Sprachen (Indien hat sechzehn verschiedene Grundsprachen und 300 Dialekte) sowie Rassen- und Religionsprobleme.

Von Seneca lernen

Bei all diesen Hindernissen stellt sich oft die Frage, inwieweit sich Nestlé in die Gepflogenheiten des Landes integrieren soll. Generell besteht unsere Politik darin, uns in Fragen des Marketings, was die Konsumenten anbetrifft, und in großen Teilen der Personalpolitik an die Länder anzupassen, dagegen bei gewissen allgemeinen Grundsätzen sowie hinsichtlich der technischen Qualitätserfordernisse strikt unsere internen Richtlinien anzuwenden.

Trotz all der genannten Probleme und Schwierigkeiten für ein Unternehmen wie Nestlé überwiegen die Chancen, wenn wir bereit sind, gewisse Risiken in Kauf zu nehmen, langfristig zu denken, und wenn wir uns im übrigen mit Klugheit, Festigkeit und Anpassungsfähigkeit auf die einzelnen Länder einstellen beziehungsweise mit den Problemen befassen. Maxime unseres Handelns ist, daß langfristig gesehen nichts im Interesse unseres Unternehmens liegt, was nicht auch langfristig von Interesse unseres Geschäftspartners oder des betreffenden Landes ist, in dem wir tätig sind. Ein Grundsatz, der übrigens meines Erachtens auch sonst gilt. Schon Seneca hat gesagt: »Jeder, der einem anderen nützt, nützt sich selbst.«

In diesem Sinne möchte ich die unternehmenspolitischen Ziele und Maßnahmen in Schwellenländern oder auch in Dritte-Welt-Ländern mit ähnlichen Problemen darlegen.

Daraus folgt für unsere Geschäftspolitik:

- Schwellenländer und ähnlich gelagerte Dritte-Welt-Länder werden weiterhin einen Schwerpunkt unserer Interessen darstellen. Das Wachstum wird für uns in diesen Ländern mit großer Wahrscheinlichkeit stärker sein als das Nestlé-Durchschnittswachstum. Insbesondere was den Nahrungsmittelsektor betrifft und selbstverständlich abgesehen von möglichen Akquisitionen. Innerhalb dieser Geschäftspolitik hat die lokale Produktion, und die damit verbundene Investitionspolitik, sowie der Technologietransfer mit all seinen positiven Auswirkungen für das Land, Vorrang vor Exporten in diese Länder. Exporte in diese Länder aus anderen Nestlé-Fabriken sind dann notwendig, wenn es sich einerseits um Bedarfsergänzungen handelt, um steigende Nachfragen rasch zu befriedigen, wenn private Investitionen im Land nicht oder nur schwer möglich oder mit Risiken behaftet sind, die man beim besten Willen nicht verantworten kann. Ich kann mir nicht vorstellen, daß wir in absehbarer Zeit im Irak eine Fabrik bauen. Andere Gründe für den Export in ein solches Land können in den klimatischen Bedingungen liegen, die eine lokale Produktion verhindern. Hier gibt es auch oft Zwischenlösungen, indem Halbfertigmassen exportiert und dann lokal zu Fertigprodukten verarbeitet werden, zum Beispiel Maggi-Würfel-Massen, Magermilchpulver, das lokal rekonstruiert und mit vegetabilen Fetten angereichert wird. Oder es werden auch nur Abpackungs- und Füllvorgänge in das betreffende Land verlagert. Schließlich können Exporte notwendig sein, wenn die benötigte Menge für eine rationale lokale Produktion zu klein oder noch zu klein ist.

- Was unser allgemeines Verhalten und unsere allgemeine Politik anbetrifft, so werden wir niemandem unsere Philosophie und unseren *Way of life* aufzwingen. Wir werden selbstverständlich die lokalen Gesetze einhalten, lokale Mentalitäten und Verhaltensweisen respektieren und im übrigen internationale Verhaltenskodizes für Multis jederzeit befolgen. In personalpolitischer und sozialer Hinsicht werden wir uns immer an die

Spitze des Fortschritts stellen, aber uns nicht so weit von den lokalen Verhältnissen und Einstellungen entfernen, daß wir nicht mehr wettbewerbsfähig sind. Was die Schulung und das Anforderungsprofil der lokalen Manager betrifft, seien es nun Ausländer oder Einheimische, so werden wir zukünftig noch stärker darauf achten, daß diese Leute nicht nur gute Techniker, gute Productmanager und gute Finanzleute sind, sondern daß sie auch von ihrer allgemeinen Persönlichkeit her in der Lage sind, mit den Verhältnissen zurechtzukommen und verantwortlich zu handeln.

- Im Hinblick auf die vielen Diskussionen über Multis und die Dritte Welt haben wir mehr und mehr dafür gesorgt, uns selbst zu sensibilisieren, um eine mögliche Kritik, vor allem wenn sie einen Kern von Berechtigung hat, in unsere Entscheidungen und Maßnahmen gleich mit einzubeziehen. Darüber hinaus werden wir unseren Beitrag zu einer Aufklärung über die wirklichen Verhältnisse und Probleme und zur Versachlichung der verschiedenen Diskussionen leisten. Wir sind offen für Kritik, aber nicht auf Kosten der Wahrheit.
- Im übrigen werden wir uns durch Gespräche und Verhandlungen sowie Kontakte mit den entscheidenden politischen und internationalen Stellen bemühen, daß die Rahmenbedingungen für private Investitionen verbessert werden, daß dieses Thema stärker mit der allgemeinen internationalen Kreditgewährung an diese Länder gekoppelt wird und daß die Spielregeln im Zusammenhang mit privaten Investitionen hinsichtlich Entscheidungsspielraum, Technologietransfer, Kapitalverzinsung und Sicherheit besser eingehalten werden. Wenn wir in dieser Hinsicht eine Verbesserung

erzielen können, werden die betroffenen Länder diejenigen sein, die am meisten profitieren, denn die segensreichen Wirkungen einer solchen unternehmerischen Tätigkeit in diesen Ländern übertrifft um ein Vielfaches die Kapitalverzinsung, die wir anstreben und die wir im übrigen nur bekommen, wenn unser unternehmerisches Wirken von Erfolg gekrönt ist und vom Konsumenten honoriert wird.

Ein Sprichwort aus der Mandschurei lautet: »Eine Reise von tausend Meilen beginnt mit einem Schritt.« Wenn wir die tausend Meilen im Auge behalten und uns dem Ziel Schritt für Schritt nähern, mit Realismus und ohne Illusionen, aber auch ohne Resignation, dann werden die Schwellenstaaten und ähnlich gelagerte Länder Fortschritte machen, in ihrem eigenen Interesse, aber auch im Interesse der ganzen Welt.

Aspekte der Ernährungsindustrie

Die international operierende Nahrungsmittelindustrie sieht sich in den kommenden Jahrzehnten einer doppelten Herausforderung gegenüber, nämlich einerseits einer ständig steigenden Bevölkerungsentwicklung in der Dritten Welt mit dem Problem, diese zunehmende Menschenzahl ausreichend und vernünftig zu ernähren, und andererseits einer stagnierenden oder rückläufigen Bevölkerungsentwicklung in der industrialisierten Welt mit den spezifischen Ernährungsbedürfnissen hinsichtlich Qualität und ernährungsphysiologischen Aspekten wie Überernährung, Diabetes oder Alterseernährung.
Im Jahr 1992 hat die gesamte Weltbevölkerung die Zahl von 5,4 Milliarden erreicht. Im Jahr 2000 werden es etwa

sechs Milliarden sein. In den heutigen Entwicklungsländern werden in wenigen Jahrzehnten 90 Prozent der Weltbevölkerung leben. Die Nahrungsmittelindustrie muß deshalb erhebliche Anstrengungen in diesen Regionen unternehmen, um ihre Kapazitäten zur Transformation, Lagerung und Distribution verarbeiteter Nahrungsmittel zu erweitern.

Die Produktivitätsfortschritte in der Landwirtschaft werden durch neue Erkenntnisse auf dem Gebiet der Mikrobiologie und der Gentechnologie gefördert. Dazu kommen bedeutende Verbesserungen bei der Konservierung, der Lagerhaltung und dem Transport landwirtschaftlicher Güter. Darüber hinaus sind große Nahrungsmittelunternehmen wie Nestlé ständig dabei, mehr und mehr Produkte mit gutem Nährwert und gutem Geschmack auf den Markt zu bringen, die billiger und energiesparender sind ohne Umweg über das Tier.

Insgesamt gesehen, kann daher mit einer besseren Verfügbarkeit biologisch hochwertiger, kostengünstig gewonnener und verarbeiteter Nahrungsmittel gerechnet werden. Der Hunger, der heute in weiten Gebieten Asiens und Afrikas herrscht, ist nur in Einzelfällen durch die Knappheit von agrarisch nutzbarem Land zu begründen. Er ist in den meisten Fällen auf die Unzulänglichkeit der ökonomisch-politischen Systeme zurückzuführen, auf Kapital- und Facharbeitermangel, auf unzureichende Planungen und Prioritätssetzungen, unzureichende Transportwege und Distributionssysteme, fehlende Produktivitätsanreize für Landwirte und mangelnde Schulung.

In den Industrieländern hingegen ist in den kommenden Jahrzehnten weniger mit einer quantitativen als mit einer qualitativen Zunahme der globalen Nahrungsmittelnachfrage zu rechnen. Die Nahrungsmittelindustrie befindet

sich hier – überspitzt ausgedrückt – in einem tiefgreifenden Wandel von Produktions- zu Dienstleistungsunternehmen. Aktionsmäßig bedeutet dies den verstärkten Aufbau der Außer-Haus-Verpflegung, die Forderung des Vertriebs von »bequemen« Produkten, Produktionsveränderungen bestehender Produkte, um sie für die Verwendung in Küchenmaschinen und Kochvorrichtungen wie beispielsweise Mikrowellenöfen geeigneter zu gestalten, selektive Auswahl sorgfältig geprüfter Rohstoffe auch im Hinblick auf ihren »gesundheitlichen« Wert, Produkte mit spezifischen diätetischen Eigenschaften für alte Menschen, kalorienreduzierte Produkte, Nahrungsmittel, die mit Vitaminen, Spurenelementen und Proteinen angereichert werden und für eine gezielte Ernährung bestimmt sind, der sich heute bereits Verbrauchergruppen aus Gründen der prophylaktischen Gesundheitsvorsorge bedienen.
Aber es sind nicht allein diätetische Probleme, die es für die Nahrungsmittelindustrie in Industrieländern zu lösen gilt. Die harte Konkurrenz in allen Märkten führt zu vermehrten Anstrengungen, um durch Einsatz moderner Technologien die Verarbeitungskosten zu senken und Geschmack, Qualität und Bequemlichkeit zu verbessern.

Rückläufige Beschäftigung

Die Ernährungsindustrie bildet einen Teil der Ernährungswirtschaft, zu der außer ihr die Landwirtschaft, das Nahrungsmittelhandwerk, der Lebensmittelgroß- und -einzelhandel sowie das Gaststättengewerbe zählen. Ihre wesentliche Aufgabe besteht darin, einheimische und exotische landwirtschaftliche Rohstoffe für den Verzehr aufzubereiten, haltbar zu machen und so die Versorgung der Bevölkerung weitgehend unabhängig vom saisonalen Anfall der Ernten sicherzustellen sowie Dienstleistungen einzubauen.

Das Ernährungsgewerbe ist beispielsweise eine der großen Branchen der deutschen Industrie, gemessen am Inlandumsatz sogar die mit Abstand bedeutendste. Ein besonderes Kennzeichen der Branche ist ihre hohe Stabilität; konjunkturelle Schwankungen schlagen im allgemeinen nur wenig auf sie durch. Ihr Umsatz hat sich über Jahrzehnte hinweg mit nur vereinzelten Unterbrechungen – auch real – kontinuierlich erhöht, und trotz ihrer traditionell starken Ausrichtung auf den Inlandsmarkt konnte die Ernährungsindustrie auch den Export ständig ausweiten; sein Umsatzanteil von rund 14 Prozent mag sich zwar noch bescheiden ausnehmen, er repräsentierte aber 1990 immerhin einen absoluten Wert von 24,9 Milliarden DM. In der westdeutschen Ernährungsindustrie waren 1990 rund 462 000 Menschen beschäftigt. Sie umfaßt heute etwa 4525 Betriebe, die weitgehend mittelständisch strukturiert sind.

Wie in den meisten anderen Industriezweigen hat sich ihre Anzahl in den letzten Jahren ständig verringert, doch kam es allenfalls in Teilbereichen – etwa im Brauereisektor – zu einer ausgesprochenen Konzentrationsbewegung. Neben der Vielzahl kleiner und mittlerer Firmen gibt es natürlich auch eine Reihe größerer Unternehmen, unter denen sich auch bedeutende multinationale Gesellschaften befinden, so vor allem Nestlé, Unilever (Großbritannien/Holland), Philip Morris (USA), BSN (Frankreich) und Mars (USA).

Die zunehmende Marktsättigung, das ausgeprägte Preisbewußtsein der Verbraucher beim Lebensmitteleinkauf und der vom Handel ausgehende Druck haben zu einem überaus harten Wettbewerb in der Branche geführt. Es ist immer schwieriger geworden, kostenbedingte Preiserhöhungen im Markt durchzusetzen. Bezeichnend hierfür ist, daß der Anstieg der Erzeugerpreise der Nahrungsmittelindustrie in den letzten Jahren konstant unter dem der allgemeinen Lebenshaltungskosten lag. In einer Reihe von Bereichen bestehen Überkapazitäten, die nicht nur durch gezielte Erweiterungen, sondern auch durch den Ersatz älterer durch moderne, leistungsfähigere Anlagen hervorgerufen wurden.

Insgesamt ist es der deutschen Ernährungsindustrie durch ständig hohe Anstrengungen gelungen, sich in beachtlicher Weise auf die gewandelten und immer schwieriger gewordenen Marktbedingungen einzustellen. Sie hat einen Leistungsgrad erreicht, der weltweit keinen Vergleich zu scheuen braucht. Sicher scheint, daß Waschmaschinen- und Ernährungsindustrie mehr zur Befreiung der Frau getan haben als alle Demonstrationen für die Emanzipation der Frauen zusammen.

Der Trend zur gezielten und gesunden Ernährung hat positive und negative Auswirkungen.

Die positiven:

- größeres Ernährungsbewußtsein, erhöhte Wichtigkeit der Zusammensetzung der Ernährung und mehr Interesse für richtige (gesunde) Ernährung.

Die negativen:

- falsche Ansichten über Gift und Chemie in der Ernährung, Wunderdiäten, einseitige unseriöse Empfehlungen, Hochspielen einzelner Skandale wie Tschernobyl. Eine Umfrage von Prof. Noelle-Neumann beweist das.

> Der Satz »Ich bin vorsichtiger in der Ernährungsauswahl geworden, wurde im Jahre 1986 von 27 Prozent der Bevölkerung bestätigt und im Jahre 1987 – nach Tschernobyl – von 37 Prozent. Die Verunsicherung durch zum Teil falsche Informationen geht hinein bis in normalerweise gutinformierte Kreise.

Die starke Konzentration in Handel und die professionelle Führung der Handelsunternehmen haben zwangsläufig zu einer Machtverlagerung zugunsten des Handels geführt. Diese Entwicklung ist zunächst insgesamt auch volkswirtschaftlich positiv zu bewerten, da sie zu niedrigeren Distributionskosten führte und damit die Preisentwicklung im Lebensmittelhandel positiv beeinflußte. Die Wirtschaft ist schließlich für den Konsumenten da, und dieser hat davon profitiert, soweit durch Konzentration der Wettbewerb nicht eingeschränkt wurde. Ich bin in diesem Zusammenhang übrigens anderer Meinung als einige Wettbewerbsrechtler: Der Wettbewerb im Handel wird durch die stärkere Konzentration auf einige wenige Handelsunternehmen nicht eingeschränkt.

Größere Einkaufsmacht

Man braucht sich nur die Praxis anzuschauen und zu sehen, wie aggressiv diese Wettbewerber miteinander umgehen und wie Preispolitik betrieben wird. Das Problem liegt also eher in der größeren Einkaufsmacht mit den damit verbundenen Konsequenzen für die Industrie und deren Angebotspolitik (zum Beispiel breite Rabattspreizung). Aufgrund der Rabattspreizung entsteht auch eine ungerechtfertigte Benachteiligung der nicht zu dieser starken Gruppe gehörenden Großhändler und Einzel-

handelsgeschäfte. Ferner wird der Markteintritt für Neue dadurch erschwert.
Ganz allgemein haben wir uns auf diese neue Situation eingestellt durch Intensivierung der Innovation, der Forschung, der Qualitätsverbesserung, Bemühungen um Verstärkung von Marktpositionen durch Marketing und Werbung einerseits und durch Akquisitionen andererseits. Wir haben den Akzent stärker auf qualitatives Wachstum gelegt, auf eine mehr kooperative, aber nicht würdelose Form der Zusammenarbeit mit dem Handel, auf stärkere Unterstützung von Qualitätsdifferenzierung durch Werbung und Marketingpolitik, aber auch durch Rationalisierung und Kostensenkung, um so von der Marktseite wie von der Kostenseite mit diesen Problemen fertig zu werden.
Die Industrie andererseits wird generell noch besser lernen, Produkte, Qualität, Service und Marken zu differenzieren und wird gleichzeitig noch wirksamer sein in Kostensenkungsmaßnahmen. Dadurch werden die Preisunterschiede, die beim Konsumenten durchsetzbar sind, auch den Kostenunterschieden zwischen anonymer Ware, den Handelsmarken und den nationalen Herstellermarken besser entsprechen.
All dies wird dazu führen, daß die Markenartikelindustrie auch wieder eher ihre Marktanteile halten und ausbauen kann. Mindestens der Teil der Industrie, der leistungsfähig ist und gute Marktpositionen hat. Für andere wird es, wie immer, schwieriger sein – aber das gilt generell in der ganzen Wirtschaft. Ich glaube also, daß sich die Dinge in der Zukunft wieder stärker balancieren, daß sich die Konflikte zwischen Industrie und Handel wieder etwas entschärfen werden und dem Marketing wieder mehr Aufmerksamkeit geschenkt wird.

Marketing und Markt

Was wir im Marketing brauchen, ist nicht »l'art pour l'art«, sondern eine Rückbesinnung darauf, was wir mit Marketing eigentlich erreichen wollen. Wir wollen Produkte entwickeln, die dem Konsumenten einen Dienst erweisen, die er gern hat, die attraktiv für ihn sind, die ihn interessieren. Wir wollen gute Werbung für diese Produkte machen und sie dem Konsumenten zu einem konkurrenzfähigen Preis verkaufen, einem Preis, der uns gleichzeitig einen Gewinn läßt.

Die Marketinghaltung, der »Marketing-Mind«, die Rückbesinnung auf den geschäftlichen Zweck des Marketings müssen deshalb Priorität haben vor den Marketingtechniken. Marketing wird ja oft mit den Marketingtechniken verwechselt. Diese sind nützliche Hilfsmittel, aber nicht mehr. Deshalb müssen Marktforschung, Analysen, Kalkulationen, Checklisten und Verkaufstechniken ihren richtigen und nützlichen Platz behalten, dürfen aber nicht mit dem eigentlichen Entwickeln, Produzieren und Verkaufen von Produkten und Dienstleistungen, also mit den wesentlichen Aspekten des Marketings, verwechselt werden.

Marketing ist Chefsache. Das ist eine wichtige Realität, die von unseren Mitarbeitern und Spezialisten nicht immer leicht zu verstehen ist. Junge Marketingspezialisten wollen selbst Marketing machen, über Strategien, Produkte, Werbung und Investitionen entscheiden. Für solche Nachwuchskräfte ist es deshalb manchmal schmerzlich, wenn wir sagen müssen, daß gewisse Aspekte des Marketings eben »Chefsache« sind. Die Gründe dafür sind die folgenden:

- Einmal muß Marketing mit der allgemeinen Unternehmenspolitik verbunden werden. Marketing kann keine isolierte Sache sein. Wir tätigen langfristige Investitionen in den Markt, in die Produkte, in das Personal und in die Fabriken. Aufgrund von Marketingzielen schaffen wir uns Kapazitäten an, erweitern diese und gehen damit Risiken ein. Wir haben Ertragsaspekte langfristig zu berücksichtigen.
- Marketing ist unter Umständen auch verbunden mit Akquisitionspolitik. Sie wissen, daß wir zum Beispiel in unserem Unternehmen in den letzten Jahren eine Reihe von »marketingstrategischen« Akquisitionen vorgenommen haben. Wir haben diese Akquisitionen nicht als Portfoliomanager, welche Geld anlegen wollen, vorgenommen, sondern wir haben genaue Marketingüberlegungen angestellt. Wir haben uns überlegt, wo wir ausbaufähige Positionen besser durch Akquisitionen anstelle von internen Marketingmaßnahmen fördern können. Auch Wachstumsmaßnahmen und geographische Ausdehnungen sind letztlich eindeutig Chefsache.
- Wir tragen Risiken und tätigen Investitionen, die von sehr großer Tragweite sein können. Kein verantwortungsbewußter Manager sollte diese wichtigsten Sachen eines Unternehmens aus der Hand geben. Man kann graduell delegieren, aber das Produkt selbst, des-

sen Qualität, mit der wir uns im Markt stellen, die Gestalt, die Kommunikation, die Werbung, die Kontakte mit Topkunden, das sind Aspekte, die im Prinzip schwer delegierbar sind.

- Wir befürworten bei uns das Delegieren, weil wir flexibel bleiben und dezentralisieren wollen. Aber es gibt Bereiche, in denen der Unternehmer selbst den Überblick haben muß. Bei meinen vielen Besuchen in den verschiedenen Märkten der ganzen Welt schaue ich mir immer neben den Menschen, die für mich das Wichtigste sind, die Produkte an, degustiere diese, schaue mir die Packungen, die Kommunikation, die Werbung für diese Produkte an und bemühe mich, wenn es irgendwie geht, immer auch einige Läden zu besuchen und Kontakte mit Topkunden zu pflegen. Die Berichte und die Zahlen, die kann ich mir auch zu Hause ansehen, dazu brauche ich nicht nach Brasilien zu fliegen.
- Schließlich ist Marketing deshalb Chefsache, weil die Kontinuität von so großer Bedeutung ist. Wir haben ja alle viele Wechsel in unseren Firmen, wir betreiben Job-rotation und ähnliche Maßnahmen. Im allgemeinen aber verkörpert die Spitze, verkörpern die Manager, die die Firma leiten, die Kontinuität. Diese Leute haben mehr Erfahrung und wissen deshalb besser, daß bei Markenartikeln, bei unserer Präsentation gegenüber dem Konsumenten, die Kontinuität und das langfristig aufgebaute Vertrauen eine überragende Rolle spielen.

Diese »Chefsachen« sind es, wofür wir unsere Zeit nutzen sollten. Wenn wir diese Prioritäten richtig erkennen, müssen wir bereit sein, für diese wichtigsten Aspekte des Marketings persönlich die notwendige Zeit aufzuwenden.

Nur so können wir über das Marketing zum langfristigen Unternehmenserfolg beitragen.

Marketing ist mehr als Marketingtechnik

Der Wettbewerb wird immer härter. Das bedeutet einen intensiveren Überlebenskampf, der zwangsläufig zu kurzfristigem Denken und Handeln tendiert. Hinzu kommt, daß viele unserer Mitarbeiter den Ehrgeiz haben, schnell etwas zu erreichen, und dadurch ebenfalls zu kurzfristigem Denken und Handeln neigen. Oder sie lassen sich von Moden im Marketing leiten, von dem, was »chic« ist im Marketing, und verwechseln dann diese kurzfristigen Trends mit echten, langfristigen Erfolgen.

Solch kurzfristiges Denken ist natürlich falsch. Wenn wir langfristig Erfolg haben wollen, müssen wir uns immer wieder zu langfristigem Denken zwingen. Wir müssen uns bei dem, was wir jetzt tun, überlegen, welchen Sinn das in fünf oder zehn Jahren haben wird. Ein Beispiel dafür ist die alte Frage zwischen »Push« und »Pull«. Wir werden immer wieder von unseren Verkäufern und Promotionfachleuten gedrängt, kurzfristig mehr Geld auszugeben, um die Ware in die Läden hineinzudrücken, und weniger dazu, dafür zu sorgen, daß der Konsument langfristig die Ware aus dem Laden nimmt.

Wir neigen auch immer wieder dazu, Qualität und Kosten zu vergleichen und dabei nur die Kosten zu sehen. Wir gehen dann Kompromisse ein mit der Qualität, führen Wertanalysen durch, die immer wieder ein Stück von der Qualität abschneiden, damit die Kosten besser aussehen. Das Resultat dieser Salamitaktik zeigt sich dann langfri-

stig in einer schlechteren Qualität und einem Schwinden des Erfolgs im Markt.
Ein weiterer Trend in den Augenblickseffekt hinein ist jener der Rabatte und sonstigen Kompromisse, die wir eingehen, um kurzfristig Verkaufserfolge zu erreichen. Wir alle im Marketing machen gelegentlich den Fehler, zur Rettung des Monatsumsatzes in Situationen nachzugeben, die langfristig falsch sind. Der Verkäufer muß dem Kunden zum richtigen Preis verkaufen, auch wenn kurzfristig der Umsatz in Frage steht.
Schließlich wirkt der Gegensatz von kurz- und langfristigem Denken und Handeln auch im Bereich der Packungen. Kurzfristige modische Packungen sind oft eine Sünde gegen das Markenmarketing, das langfristig ausgerichtet sein muß. Man sieht hier viel Opportunismus, weil durch modisches kurzfristiges Handeln langfristig das Vertrauen des Konsumenten abgebaut wird und schließlich die notwendige Marken-, Produkt- und Unternehmensautorität verlorengeht.
Absolut notwendig ist auch, daß wir Wettbewerbsvorteile durch Innovation, Forschung und Entwicklung schaffen. Das ist die Dynamik der freien Marktwirtschaft. Für uns ist natürlich auch klar, daß wir uns für Innovationen zunächst an den langfristigen Trends oder Wünschen des Konsumenten orientieren. Als Marketingleute dürfen wir aber nicht vergessen, daß dies nicht der einzige Aspekt ist. Es gibt viele Innovationen, die nicht direkt vom Markt her kommen, sondern aus der technologischen Arbeit, aus Forschung und Entwicklung. Solche Innovationen kommen von Forschern, die sicher zunächst nicht an den Markt denken, sondern neue Produkte erfinden, an die wir Marketingleute vielleicht nicht, der Konsument schon gar nicht gedacht hat. Selbstverständlich

kommt dann die wichtige Phase der Prüfung, ob ein solches neues Produkt für den Konsumenten einen Sinn hat.

Im Zusammenhang mit Innovationen und Produktentwicklungen wird im Marketing oft von »Lebenszyklen« gesprochen. Dies ist auch eines der schönen Marketingschlagworte, denen ich skeptisch gegenüberstehe. Die Betrachtung des Lebenszyklus eines Produkts kann eine resignative Haltung hervorrufen, indem je nach dem Punkt der Zykluslinie der Untergang eines Produkts durch mechanistische Vorhersage geradezu heraufbeschworen wird.

Gegen solches Marketing müssen wir mit einer optimistischen Haltung arbeiten. Es gibt tausend Möglichkeiten, den Produkten durch neue Ideen und leichte Veränderungen wieder einen neuen Push zu geben. In einer Zeit, in der man nicht jeden Tag eine revolutionäre Erfindung machen kann, ist eben die Renovation mindestens so wichtig für den unternehmerischen Erfolg wie die sogenannte große Innovation.

In diesem Zusammenhang gilt es, eine vielleicht provozierende Bemerkung zu den »Me-too«-Produkten anzufügen. Diese werden ja in der Regel von den Marketingleuten verachtet. Ich möchte aber einmal eine Lanze brechen für die »Me-too«-Produkte. Einerseits sind sie marktwirtschaftlich sinnvoll, weil nämlich durch sie die Konkurrenz erhöht und damit die Wirtschaft angetrieben wird. Andererseits gibt es Originalprodukte, die im Unternehmen zu heiligen Kühen geworden sind, über die man längst nicht mehr nachdenkt und die schon lange verändert werden sollten. Kommt dann ein cleverer »Me-too«-Produzent, der das Produkt leicht verändert, billiger oder differenziert auf den Markt bringt, so hat er mit

diesem »Me-too«-Produkt eine gute Chance gegen das Originalprodukt. Das ist aus meiner Sicht »kreative Nachahmung«, die je nach der Situation zum Erfolg führen kann.
Niemand kann Marketing betreiben zu Lasten des Gewinnes, sondern Marketing ist bekanntlich dazu da, den Gewinn zu steigern. Das wird oft verwechselt. In einem hartumkämpften Markt, in einer stagnierenden Wirtschaft kommt dem Kostenwettbewerb eine größere Bedeutung zu. Aus der Sicht des Marketings streiten wir uns um die besten Lösungen im Markt, um die tollsten Ideen in der Werbung und um vieles mehr. Wenn aber unser Marketing nicht im Einklang mit den Kosten steht, werden wir irgendwann den Wettbewerb auf der Kostenseite verlieren.
In unseren strategischen Überlegungen spielt es eine große Rolle, ob wir von der Kostenseite her mit unseren Konkurrenten Schritt halten können. Nur dann werden wir eine Preispolitik betreiben können, die uns den Markt erhält und uns gleichzeitig einen Gewinn läßt. Die Möglichkeiten sind hier vielfältig, ich denke nicht nur an die Produktionskosten, die man durch bessere Produktionsmethoden, Planung, Disziplin und schnellere Maschinen senken kann. Ich spreche aus der Sicht des Marketings manchmal vom »rationellen Umsatz«: Wir können auch durch schlampiges Marketing, durch zu kleine Aufträge, durch zu kleine Kunden, durch Artikel mit zu kleinem Umsatz das ganze Kostengefüge übermäßig belasten. Da hören dann irgendwo die Segmentierung und das Nachgeben im Markt auf. In diesen Fällen müssen wir uns sehr wohl überlegen, ob wir nicht auf einen Teil verzichten und den Rest kostengünstiger handhaben können.
Auch in der Werbung gibt es wichtige Kostenaspekte. Wir

hören immer wieder Anforderungen unseres Marketingteams, das Werbebudget zu erhöhen, weil der Konkurrenzkampf härter wird. Dabei erinnere ich mich, daß mir David Ogilvy einmal erzählt hat, der Unterschied zwischen einer guten und einer schlechten Werbung sei bei gleichen Kosten in der Wirkung 17 zu 1. Ich kann das natürlich nicht so genau belegen wie Ogilvy, aber es scheint schon etwas daran zu sein, wenn wir sehen, wieviel schlechte Werbung gemacht wird.

Unseren Werbeleuten sage ich in der Regel, sie sollten, statt mehr zu investieren, zuerst einmal versuchen, die Werbung zu verbessern. Es geht darum, nicht jeden Tag etwas Neues zu starten, sondern mehr Kontinuität einzubringen. Wenn uns die Werbung zum Halse heraushängt, fängt sie bei den Konsumenten gerade erst an zu wirken. Wir müssen spüren, wie man mit einer besseren Qualität der Werbung wirklich etwas erreichen kann. Das ist ein Kostenaspekt, für den sich viele Marketingleute oft zu »fein« sind, um sich damit zu befassen.

Daran schließt sich das Problem der Einzelmarke und der Familienmarke an. Wenn wir unseren Junior-Product-Managern und den Werbeagenturen die Budgets überlassen, dann werden diese logischerweise für jede einzelne Packung mit einer eigenen Marke kommen, um von uns dafür ein Riesenbudget zu verlangen. Damit kann man in der Regel auch das Produkt forcieren, nur hat man dann keinen Gewinn mehr. Die Ökonomie der Familienmarke, das Nützen der Gesamtmarke bei vernünftiger Differenzierung für einzelne Profile – dafür sollten wir als Unternehmer immer wieder nicht zuletzt aus Kostengründen einstehen. Auch Firmen wie Procter & Gamble, Unilever und andere kommen heute zum Teil auf diese Aspekte zurück, weil eben die Umsätze für ein einzelnes Produkt

bei extremer Segmentierung nicht mehr genügend groß sind, weil die Werbedichte zugenommen hat und weil deshalb das Durchsetzen einer Werbebotschaft teurer geworden ist.
In diesen Problemkreis der Kostenfrage im Marketing gehört auch das Corporate Image und seine optimale Nutzung. Ich selber habe zum Beispiel in unserem Unternehmen den Namen Nestlé wieder stärker in den Vordergrund gebracht. Zum Teil hießen unsere Firmen in exotischen Ländern »Food Processing Ltd.« oder so ähnlich. Heute heißen alle wieder Nestlé und sind stolz darauf.
Manches wird als Konsumententrend bezeichnet, was in Wirklichkeit nur kurzfristige Modeerscheinung ist. Wichtig ist, daß wir das, was der Konsument wirklich denkt, von dem unterscheiden, was in pseudointellektuellen Marketingkreisen herumgeboten wird, wenn wir über Strömungen sprechen. Natürlich sind unsere jungen Marketingleute beeindruckt von einer ganzen Reihe »moderner« Strömungen. Es gibt da zum Beispiel das »Social Marketing«. Da heißt es dann auf jeder Packung, daß vom Produktpreis zwei Rappen zur »Rettung des Regenwaldes« fließen. Oder es gibt heute das »Umweltmarketing«. Da steht dann drauf: »Diese Dose ist umweltfreundlich.« Das hat natürlich alles auch irgendwie einen Sinn und ist in das Bewußtsein der Leute eingetreten. Aber wir sollten doch normalerweise Spendenpolitik und soziale Verpflichtungen nicht mit Firmenmarketing verwechseln. Deswegen sehe ich hier gewisse Grenzen.
Solche Begründungen für Marketing- und Werbemaßnahmen werden von unseren Marketingmitarbeitern deshalb vorgebracht, weil diese Leute nach und nach mit solchen Ideen befrachtet sind und deswegen Gründe finden, daß sie unser Geld für ihre Ideen einsetzen können. In der

Werbung gibt es eine ganze Reihe von Marketingfachleuten, die gegen eigentliche Werbung sind, die Zweifel daran haben, ob die Werbung noch richtig ist, und die dann sagen, es dürfe nur noch Informationswerbung geben und alles andere sei falsch. Der Konsument ist vor allem aber doch auch auf Emotionen ansprechbar, und solange Werbung legitim bleibt, müssen wir den Verbraucher eben auch emotional ansprechen. Wir müssen mindestens nüchtern herausfinden, wieviel die informative Werbung und wieviel die emotionale Werbung wert sind, um am Schluß ein Produkt zu verkaufen.

Wir wollen ja keine gesellschaftspolitisch »richtige« Werbung machen, sondern wir wollen möglichst viel von unseren Produkten verkaufen. Dies natürlich im Rahmen von anständigem Verhalten und ohne den Konsumenten zu betrügen. Wir müssen also immer wieder prüfen, ob wir einer neuen modischen Idee unterliegen.

Auf der anderen Seite treffen wir auch die gegenteilige Entwicklung an, nämlich daß wir Vorschläge oder Ausarbeitungen von sogenannter »kreativer Werbung« bekommen. Wenn man dann ganz genau dahinterschaut, sind es nichts als billige Gags, die im Prinzip dem Produkt überhaupt nichts bringen. Wir schwanken also zwischen zwei Entwicklungen, was uns zwingt, dauernd zu prüfen, ob wir nicht manchmal der einen oder anderen Entwicklung aufsitzen.

Über einen solchen Trend in der Ernährungsbranche möchte ich gerne einmal etwas Provozierendes sagen. Es geht aus meiner Sicht um die Überbetonung der »Ernährung«. Natürlich spielen die ernährungsphysiologischen Aspekte eine Rolle. Natürlich ist Gesundheit in der Ernährung wichtig, aber irgendwo hat die Ernährung doch auch den Zweck, unseren Magen auf möglichst angenehme Weise zu füllen, das heißt, mit einem guten Geschmack und ohne daß es nachher Probleme gibt mit der Verdauung. Wir sollten diese Grundtatsache nicht vergessen. Seit Jahren wird die Schokolade totgeredet. Erstens hat man völlig falsche Vorstellungen, wieviel Kalorien oder Zucker darin enthalten sind, und zum anderen bleibt es eben eine Geschmacksgewohnheit, eine Grundpräferenz der Konsumenten. Trotzdem steigt jedes Jahr in Europa der Schokoladenverbrauch. Wir sollten uns deshalb trotz des Geredes über die Gesundheit nicht total vernebeln lassen für das, was der Konsument eigentlich will.

Daß Marketing nicht allmächtig ist, haben wir alle gelernt. In den sechziger Jahren haben die Marketingleute, einschließlich ich selbst, geglaubt, der Konsument kaufe ein Produkt ausschließlich wegen unserer Marketingmaßnahmen. Als der Markt schwieriger wurde, haben wir gesehen, daß der Konsument doch kein Produkt nur wegen uns kauft. Er möchte für sein Geld etwas Gutes haben. Er ist in unserer Gesellschaft auch frei in seiner Wahl, und deswegen funktioniert eben manches so nicht, wie wir als Marketingleute es uns einbilden.

Einige Beispiele dazu: Opel hat den Blitz in seinem Markenzeichen und ein Auto, das »Rekord« hieß. Trotzdem hat kein Konsument dieses Auto je mit einem Porsche verwechselt. Oder wenn wir an Frankreich denken, so wissen wir, daß die Franzosen ihr Vaterland nicht verachten. Trotzdem kaufen die Franzosen 50 Prozent ihrer Autos im Ausland. Hier sieht man, daß der Konsument offensichtlich zu seinem eigenen Nutzen entscheidet und nicht im Sinne der allgemeinen Meinung, die man über eine Gesellschaft oder ein Verhalten hat.

Diese eigenständige Haltung des Konsumenten ist auch

eine Chance für uns. Wir haben aus gesellschaftspolitischer Kritik Boykotts gegen unsere Firma gehabt. Davon haben wir aber in der Praxis fast nichts gespürt, weil die Konsumenten am Schluß doch entscheiden, was sie eigentlich gerne haben möchten. Sie wissen gesellschaftspolitiche Diskussionen sorgfältig zu trennen von ihren eigenen Interessen.

Ein weiteres Beispiel für eine neue Strömung, bei der wir auch wieder prüfen müssen, ob wir nicht einem Gag unterliegen, ist die Personalisierung der Produkte, die »personalized products«. Auch wir machen da mit und haben in Amerika und in England jetzt eine Schokolade entwickelt, die Henry Nestlé heißt. Diese Schokolade heißt nicht mehr »Nestlé«, sondern eben »Henry Nestlé«. In Deutschland gibt es ein berühmtes Bier, das heißt »Henninger«, das wird jetzt inzwischen als »Christian Henninger« verkauft.

Vielleicht hat man damit Erfolg. Was ich meine, ist, daß wir bei solchen Ideen im Marketing, die plötzlich »en vogue« kommen, immer wieder kritisch überprüfen müssen, ob es sich um eine kurzfristige Idee handelt oder um ein Konzept, mit dem wir auch langfristig etwas erreichen. Wir dürfen im Marketing Einzelaspekte nicht überschätzen oder übertreiben.

Das gleiche gilt für den Handel. Wir haben auch beim Handel unterschiedliche Betriebskonzepte, kennen Verbrauchermärkte und Discounter und viele andere spezifische Handelsformen. Hier werden ebenfalls viele Fehler gemacht. Man kann nicht irgendeinen Supermarkt mit dem Argument »Frische« in eine andere Preiskategorie bringen. Auch hier müssen Laden, Standort, Konsumentenschicht, Betriebskonzept und alles übrige stimmen.

Mit all der Spezialisierung im Marketing vergessen wir

oft, daß jeder Schritt in ein geschlossenes Ganzes passen muß. Sonst wundern wir uns, weshalb eine gute Idee, die wir für ein bestimmtes Segment hatten, das Ganze zum Scheitern bringt. Zu den Strömungen im Marketing gehören sicherlich auch die Angriffe auf das Marketing. Ich meine hier den »Konsumerismus«, nicht als echte Konsumenten-Interessenvertretung, sondern als Ideologie. Hier wird dann von der Werbung über das Produkt bis zur Unternehmenspolitik alles angegriffen. Diese Ideen werden oft von den gleichen Leuten vertreten, die auf der politischen Ebene für mündige Bürger und Konsumenten kämpfen. Nur trauen sie diesen Bürgern offensichtlich nicht zu, daß sie als gute Demokraten auch Konsumentendemokraten sind und daher in der Lage sind, ihre Kaufentscheidungen zu treffen, ohne daß sie täglich von irgendeiner Staatsstelle oder von Gesetzen an der Hand geführt werden.

Daß man den Konsumenten schützt, daß keine schädlichen Zusätze in ein Produkt hineinkommen, daß die Deklaration in Ordnung ist, daß er richtig informiert wird, ist selbstverständlich. Wir dürfen aber nicht vergessen, daß es auch in diesem Problemkreis ein Kosten-Nutzen-Verhältnis gibt. Man kann sich fragen, ob die enormen Kosten, die der »Konsumerismus« verursacht, dem Konsumenten wirklich verhältnismäßig etwas bringen. Ist dieses Verhältnis gestört, so sind auch die Vertreter dieser Denkrichtung unglaubwürdig und können den heutigen Konsumenten nicht mehr motivieren.

Schließlich noch ein Wort zu den oft vorkommenden Übertreibungen im Marketing. Diese bewirken häufig das Gegenteil, und es besteht die Gefahr, die Glaubwürdigkeit zu verlieren. Dies etwa im Sinn des alten arabischen Spruches: »Ein jeder nennt seine Läuse Gazellen.«

Marketing heißt Verkaufen

Viele der jungen Leute, die im Marketing tätig sein wollen, sind oft das Gegenteil von dem, was wir im Marketing wirklich brauchen. Diese Leute wollen nicht im Marketing tätig sein, weil sie sagen: »Mich interessiert es wahnsinnig, Nescafé zu verkaufen, das ist mein ganzes Streben in meinem Leben«. Sie sagen auch nicht, sie möchten der Firma helfen, Produkte zu entwickeln und zu verkaufen und ähnliches, sondern sie glauben eben, daß Marketing in ihren Kreisen als sehr »chic« gilt. Ihnen geht es darum, daß ihr gesellschaftliches Umfeld beeindruckt ist, wenn es erfährt, daß sie Productmanager oder Marktforscher sind. Solche Leute wollen beeindrucken, wollen ihre Zufriedenheit optimieren oder befördert werden. Sie denken in keiner Weise daran, wie sie unsere Produkte verkaufen, unsere Probleme lösen und die Unternehmung weiterbringen können.

Daneben gibt es eine ganze Reihe von einfachen und anständigen Leuten, die tatsächlich den Wunsch haben, uns zu helfen und mehr zu verkaufen, wenn sie in unsere Firma eintreten. Deswegen müssen wir aufpassen, mit welchen Leuten wir unsere Geschäfte betreiben und welches die richtigen Leute an welchem Platz sind. Es gibt kein besseres verkaufsförderndes Argument, als wenn jemand überzeugt ist von seiner Sache, denn »überzeugen fällt keinem Überzeugten schwer«. Dies ist das Geheimnis der Pfingstpredigt. Dazu gehört auch, und das muß man immer wieder sagen, daß die Marketing-Mitarbeiter die Produkte der eigenen Firma zu Hause auch selbst verwenden.

Dann ist hier auch das Problem zu nennen, daß gewisse Marketingleute zu weit weg sind von der Wirklichkeit, vom wirklichen Konsumenten. Zum Teil sind sie wegen ihrer Erziehung und Ausbildung an allem vorbeigelaufen. In der Schweiz ist das Thema nicht so schwierig, weil das Land kleiner ist, man ist enger beisammen, und viele kommen spätestens im Militärdienst mit der Alltagsrealität zusammen. Aber gerade in diesen größeren Märkten sehen wir oft, daß Marketingleute so weit weg vom wirklichen Konsumenten sind, daß sie nur noch über Marktforschung herausfinden können, was die Leute denken, wie sie fühlen und was der Konsument will. Sie können dann mit dem Konsumenten nur noch über die Werbemedien kommunizieren, aber nicht mehr persönlich.

Werbefernsehen ist in einem Massenmarkt richtig, aber es ist ein Vorteil, wenn die Marketingleute gleichzeitig auch mit dem Konsumenten persönlich umgehen können. Dies sowohl für die Information wie für die Kommunikation. Marktforschung ist wichtig in einem anonymen Markt und notwendig als Grundlage für das Marketing. Hingegen ersetzt Marktforschung nicht die persönliche Fähigkeit der Marketingfachleute, die Mentaliltät und das Verhalten der Konsumenten zu verstehen.

In einer marktwirtschaftlich orientierten Gesellschaft muß der Chef einer konsumorientierten Firma auch der Topverkäufer bleiben. Er muß sich selbst an die Spitze aller Verkäufer stellen, nicht so, daß er im engeren Sinne verkaufen muß, sondern daß er den Geist und die Mentalität des ersten Verkäufers durch die Firma ausstrahlt. Der Verkauf ist ohnehin eine Zeitlang hinter dem Marketing mit seinen neuen Techniken zurückgestellt worden. Hier hat man zum Teil etwas übertrieben, und wir alle haben in den schwierigeren Zeiten den echten Verkäufer wiederentdeckt und seine Funktion und Nützlichkeit neu schätzen gelernt.

Natürlich hat sich auch im Verkauf vieles gewandelt. Der moderne Verkäufer muß mehr Kenntnisse haben, er verkauft Systeme oder Problemlösungen, er hat Gesprächspartner im Handel, die ausgebildete und praxiserfahrene Manager sind. Deswegen wird vom Verkäufer heute mehr verlangt. Aber die Verkaufsmentalität, die Verkäuferhaltung, muß bleiben. Die Chinesen haben gesagt: »Wer nicht lächeln kann, soll keinen Laden aufmachen.« Das bleibt wahr, solange Menschen einander etwas verkaufen wollen. Der Verkäufer sollte auch bei der Festlegung der Marketingplanung und -strategie mitwirken. Durch seine Tätigkeit im Markt draußen hört er viel von dem, was mit gutem Grund in die Marketingplanung einbezogen werden sollte.

Markenpflege und Verkaufsförderung

Die Werbung ist neben der Qualität und dem Markenzeichen der wichtigste Faktor für den Aufbau und die Pflege einer Marke. Besinnen wir uns doch wieder einmal zurück auf die Grundaufgabe jeder Werbung. Diese besteht in der Bekanntmachung eines Produktes, der Orientierung über das Produkt und der Information, dem Aufbau des Markenimages und schließlich in der Auslösung des Kaufaktes. Auch hier muß gleich wieder angemerkt werden, daß die letzte Funktion der Werbung, nämlich Auslösung des Kaufaktes, um so leichter ist, je mehr die langfristige Werbung vorher das Produkt bekannt gemacht und profiliert hat. Das Schöne, Chancenreiche und zugleich grausam Problemvolle – wenn wir an die großen Beträge denken, die wir für Werbung ausgeben – sind der ganz große Unterschied zwischen guter und schlechter Werbung und die trotz aller Marktforschung beschränkten Möglichkeiten, dies vor der Ausgabe der Werbemark genau herauszufinden.

Damit meine ich nicht, daß die schöne Werbung auch immer gut sei. Schon bei den alten Griechen sagten die Leute, wenn Äschines sprach: »Der hat schön gesprochen.« Wenn aber Demosthenes redete, sagten sie: »Laßt uns marschieren.« Natürlich wollen wir eine Werbung, bei der die Konsumenten marschieren, sonst können wir mit Laotse ausrufen: »Es ist besser, nichts zu tun, als mit viel Mühe nichts zu schaffen.«

Ich möchte hier einige Grundsätze zur Werbung anführen:

- Gleichermaßen entscheidend und wichtig neben der Qualität der Werbung ist ihre Kontinuität über größere Zeiträume hinweg und die damit verbundene kumulative Wirkung. Neben der Kontinuität der Werbung spielt auch oft eine Kontinuität der Menschen eine Rolle, die sich mit Werbung und der Pflege der Marke befassen.
- Diese Kontinuität ist für mich neben der Bedeutung der Werbung und den hohen Ausgaben mit ein Grund, warum ich der Meinung bin, daß Werbung eine Führungsaufgabe ist und nicht an Junior-Brand-Manager in Zusammenarbeit mit ständig fluktuierenden Kundenkontaktern der Werbeagenturen delegiert werden kann.
- Wenn wir aus diesem Grund die Werbeaufgaben und die Entscheidungen über die Werbung wieder stärker in die oberen Führungsgremien verlagern, dann bedeutet dies natürlich, daß diese Leute von Werbung auch etwas verstehen müssen. Das ist ein Aspekt für die

Auswahl der Führung, und es beinhaltet die Notwendigkeit der Schulung in der Werbung. Eine solche Änderung heißt ferner, daß die entsprechenden Manager nicht nur bei der Endpräsentation ihr Urteil abgeben und ja oder nein sagen, sondern von Anfang an bei der Marketing- und Werbezielsetzung, bei der Erarbeitung des Briefings mitwirken. Nur so können wir Bemerkungen vermeiden wie: »In dieses Gelb muß noch ein Schuß Blau rein.«

- Ein Wort auch zur Medienplanung. Sie ist mehr als die arithmetische Ausrechnung von Nettoreichweiten, Kontaktkosten und ein bißchen soziodemographische Daten.
- Bei aller »schönen« Werbung sollten wir auch die Information nicht vergessen, wenn auch die Information nicht die ganze Werbung ausmacht. Insgesamt muß die Werbung im Sinne der langfristigen Strategie vor allem kontinuierlich in der Botschaft und glaubwürdig in der Aussage sein.
- Die Werbung für den aktuellen Umsatz hat die Aufgabe, das Angebot zu aktualisieren, Verkaufsförderungsmaßnahmen durch Medien zu unterstützen und die Kaufbereitschaft und die Kaufakte kurzfristig zu erhöhen. Werbung für den aktuellen Umsatz kann auch betrieben werden, indem man die langfristige Botschaft durch aktuelle Aspekte anreichert, zum Beispiel Preisbewegungen, jahreszeitliche Situationen.

Die Pflege der Marken und die gesamte Kommunikationspolitik müssen wieder stärker in die Arbeit und in den Verantwortungsbereich der operativen Chefs einbezogen werden, damit die Werbung und Markenpolitik kontinuierlicher gestaltet werden und nicht Spiegelbild der

jeweiligen Fluktuation in einzelnen Positionen sind. Das bedeutet mehr Kontinuität und Qualität und das verstärkte Einfließen der Unternehmenspolitik in die Werbung.
Es darf kein Briefing mehr mit den Agenturen ohne Genehmigung der operativen Chefs geben, die künftig auch an allen wichtigen Präsentationen teilnehmen sollten. Aus der Wechselwirkung zwischen operativen Chefs und direkten Kontakten mit Werbe- und Verkaufsförderungsmitarbeitern entstehen automatisch bessere Qualität und mehr Kontinuität.
Hier in kurzer Form einige Maßgaben für unsere Werbepolitik:

- Ansiedlung der Mediawerbung auf hohem Niveau: Chefs müssen Sachwalter von Werbung und Marke sein.
- Laufende Verbesserung der Qualität der Werbung und Wahrung der Kontinuität unter langfristigen Voraussetzungen.
- Medienspezifische Anpassung der Werbung: Benutzung spezieller Medien, verstärkte Einschaltung von Randmedien, weitere Effizienzsteigerung (auch durch eigene Werbeforschung).
- Einbeziehung der wichtigsten markentechnischen und Werbeelemente bei allen Maßnahmen (Displaymaterial, PR-Maßnahmen etc.).
- Frühzeitige Einstellung auf neue Kommunikationsmedien. Einklang von Werbung und Marketingzielen.
- Zusammenwirken zwischen Werbung, Verkaufsförderung und Public Relations.
- Regionale Werbeverstärkungen und Schwerpunkte zur Verbesserung der Marktanteile.

- Zusätzliche Erträge für Medienwerbung, zur Stärkung der Marken und für Aktivitäten neuer Produkte verwenden.
- Laufende Überprüfung der Leistungen der Agenturen und kreative Gestaltungsqualität.

Noch einige spezielle Anmerkungen zur Werbung in Fachzeitschriften. Händleranzeigen werden oft vernachlässigt oder falsch gesehen. Sie sind aber ein wichtiges Instrumentarium in der Kommunikationskette zum Handel. Je mehr regionales Marketing gemacht wird, je mehr handelsgruppenbezogen Überlegungen angestellt werden, je mehr die Reisendenstäbe verkürzt und je weniger Geschäfte besucht werden, um so wichtiger ist es, daß über diesen Kanal echte Produktbotschaften an den Handel gebracht werden.
Beim Handel gilt es ebenfalls, eine langfristige Geltung aufzubauen. Dies geschieht natürlich durch die vielfältigen Leistungen des Herstellers. Dazu ist überdies der Verkaufsapparat da. Hier sehe ich aber auch eine Aufgabe für die Werbung in den Fachzeitschriften. Einmal erreicht man über die Fachzeitschriften eben nicht nur den Einkäufer, sondern auch die übrigen Mitarbeiter im Vertrieb und in den Geschäften des Handels, die mit entscheiden und oft schlecht informiert sind über das, was der Hersteller bieten kann oder was die Hintergründe seines Angebotes sind. Ich frage mich oft, woran dies eigentlich liegt.
Ob unsere Verkäufer ihre Informationen und Argumente so schlecht an den Mann bringen oder ob es die Einkäufer des Handels sind, die nach dem Motto »Wissen ist Macht« die Information nicht an ihre Vertriebsgruppen weitergeben? In der Handelsanzeige sehe ich darüber hinaus gewissermaßen den verlängerten Arm des Verkäufers

überall da, wo er heute wegen Rücknahme der Kundenabdeckung nicht mehr hinkommt oder wo er aufgrund der Einstellung des Handels nicht mehr hindarf. Schließlich erreicht man durch eine Anzeige eine schlagartige Information. Im übrigen rangieren nach einer Untersuchung der GfK (Gesellschaft für Konsumforschung) als Informationsquelle beim Lebensmitteleinzelhandel an der Spitze gleich stark die Fachzeitschrift und der Vertreter mit je etwa 80 Prozent.
Bei den Angriffen gegen die Werbung geht es zumindest unter ernstzunehmenden Leuten zunächst um ein gewisses Mißtrauen gegen die Manipulationskraft der Werbung, der man nicht erliegen will, und ferner um gewisse Formen der Werbung, die als unseriös oder als Zumutung empfunden werden. Ich erinnere mich in diesem Zusammenhang an die Veröffentlichung von Ausführungen zur Werbung in deutschen Schulbüchern, die ziemlich erschütternd waren. Ich glaube, daß gerade die Werbefachleute aus Selbstinteresse und als Profis für Kommunikation aufgerufen sind, der Öffentlichkeit folgendes stärker ins Bewußtsein zu bringen:

- Die Werbung ist ein integraler Bestandteil der Marktwirtschaft. Jeder Verkäufer muß das Recht haben, seine Ware anzupreisen. Werbung schafft Information und Marktübersicht. Die Kosten in Prozent vom Umsatz werden in der Regel überschätzt und durch Wirkungen der Mengendegression gewöhnlich mehr als ausgeglichen. Werbung erhöht die für den Verbraucher nützliche Konkurrenz. Die Manipulationskraft wird ganz einfach überschätzt, wie viele Beispiele über Konsumverhalten beweisen. In unserer Wirtschaft wird kein Verbraucher gezwungen, eine bestimmte Ware zu kaufen.

Er hat genügend Alternativmöglichkeiten. Das Wort »Konsumterror« ist nicht nur objektiv falsch, es ist auch eine unzulässige Verniedlichung dessen, was Terror wirklich ist.

- Es ist der Öffentlichkeit zuwenig bekannt, welche gesetzlichen und auf Vereinbarungen beruhenden Regelungen für eine lautere Werbung heute schon bestehen, welche Selbstbeschränkungen sich die Wirtschaft auferlegt hat und welche Funktion in diesem Zusammenhang der deutsche Werberat hat.

Die im Marketing notwendige Begeisterung und das Engagement habe ich bereits erwähnt. Ich möchte auch hier im Zusammenhang mit einer guten Werbung nochmals an den Spruch erinnern: »Zu überzeugen fällt keinem Überzeugten schwer.« Wir müssen Pfingstprediger sein und nicht Gagproduzenten. Nur so werden wir langfristig erfolgreiche Werbung betreiben.

Verkaufsförderung ist vorwiegend ein taktisches und kein strategisches Mittel. Verkaufsförderung muß wieder stärker integriert werden in die generelle Werbebotschaft des Produktes einerseits und die Ziele, die Situation und die Pläne des Handels beziehungsweise einzelner Handelsgruppen und Unternehmen andererseits. Hier gibt es natürlich Konfliktfelder zwischen Handel und Industrie. Der Konflikt kann allerdings schon zu einem großen Teil reduziert werden, wenn die Industrie ihre Verkaufsförderung nicht mehr in Form von nationalen »Dampfwalzenaktionen« veranstaltet.

Der Aktionsrabatt sollte die ergänzende Maßnahme für ein Preisangebot und die Honorierung der Handelsleistung sein, aber nicht das alleinige Mittel der Verkaufsförderung. Zu hohe und ständige Rabatte führen zu über-

In Vevey,
hoch über dem Genfer See,
residiert die Zentrale des
Weltunternehmens Nestlé.

Foto: Raphael Gaillarde

EUROPE'S ABLEST MANAGERS

Many executives, even some Europeans, say Europe trails the U.S. and Japan in management skills. In this view such triumphs as the German postwar miracle owed more to a skilled and dedicated work force than to managerial wizardry. But the performances of ten of Europe's best-run companies provide abundant evidence of rich management talent. In choosing Europe's ablest chief executives, FORTUNE talked to businessmen and bankers, management consultants and financial journalists. The choices, however, are our own.

The … rules were simple: candidates had to have been chief executive… long enough to establish a track record. We also … sampling with at least one chief exec… the Low Countrie… con… pr… ho…

Helmut Maucher, 56

A marketing man who became managing director of Nestlé S.A. in 1981, Maucher has retaught the Swiss multinational some skills it had begun to forget. Return on sales sagged in the late Seventies, and earnings took their biggest dive ever just before Maucher was elevated to the top job. Profits have rebounded to set a record and the return on sales is up from only 2.8% in 1980 to 4.5% last year. Maucher took some long overdue decisions to drop losers such as the Libby canned fruit and vegetable business in the U.S., and he trimmed bureaucratic flab.

Nestlé's glass-enclosed headquarters in Vevey resembles a small U.N. Building, and the atmosphere suggested diplomats not pushing cookies hard enough. Maucher cut financial reporting to "one sheet of paper" and slashed staff functions ("I can read the newspapers myself") in order to give more money and authority to line managers. The sale of Nestlé's brand-new I. M. Pei-designed U.S. headquarters in Purchase, New York, to IBM typifies Maucher's attitude toward frills. "The old one is good for a long time yet," he says.

Maucher is the first German to head Nestlé and his appointment caused a stir in Switzerland. He comes from a small town in the Allgäu region of Württemberg, where the inhabitants are renowned even among other Germans for their tenacity and hard work. Not the least of Maucher's achievements was his adroit handling of the boycott of Nestlé products for the alleged overpromotion of infant formula in the Third World. Maucher defused the controversy by subscribing to the World Health Organization's marketing code and appointing an outside committee to monitor Nestlé's adherence to the rules. The boycott ended last year, its sponsors crediting the company's "change in management."

In einer Titelstory listet das bekannte amerikanische Wirtschaftsmagazin »Fortune« die fähigsten Manager Europas auf. Unter den zehn besten: Helmut Maucher

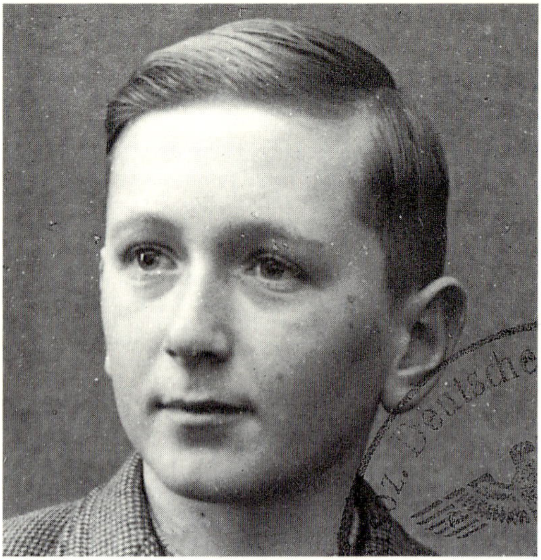

Auch als Chef des Weltkonzerns Nestlé ist Helmut Maucher das geblieben, was er immer war: ein erdverbundener, heimatliebender Allgäuer Bub.

Fotos: privat

Helmut Maucher ist ein »global player«, dessen Aufgabe es ist, den »Geist der Firma« weltweit zu stärken.

Foto: Darchinger

Helmut Maucher nimmt den öffentlichen Auftrag des Unternehmers ernst: Er ist gerngesehener Gast auf Kongressen und Symposien.
Foto: Hartmut Bühler

Helmut Mauchers Rat
ist rund um den Erdball gefragt.
Auch er sucht das Gespräch
mit der Politik.

Fotos: Nestlé

Helmut Maucher über Helmut Maucher: »Ich bin ein Praktiker, der nicht nur Management by Objectives betrieben hat, sondern auch – mit unverhohlenem Spaß – Management by Provocation.«

Foto: Darchinger

triebenen Preisverzerrungen, die letztlich doch negative Wirkungen beim Verbraucher haben und ihn verwirren müssen.
Trotz der Unterschiedlichkeit der Zielsetzungen zwischen Industrie und Handel und trotz primär an den Marketingzielen des Handels ausgerichteter Gestaltung seiner Aktivitäten gibt es Ansätze für ein gemeinsames Vorgehen von Industrie und Handel. Sollen die Verkaufsförderungsaktivitäten der Industrie nicht am Schreibtisch des Einkäufers enden, so muß allerdings eine Reihe von Voraussetzungen beachtet werden.
Die langfristige Vorplanung des Handels erfordert die frühzeitige Abstimmung zwischen Industrie und Handel. Verkaufsförderungsmaßnahmen der Industrie sind Bestandteil der gesamten Absatzwerbung des Handels. Sie müssen deshalb so rechtzeitig mit dem Handelsunternehmen beziehungsweise mit der Gruppenzentrale abgestimmt werden, daß sie in deren Jahresplanung mit einfließen können.
Bei der Abstimmung der Verkaufsförderungsmaßnahmen der Industrie mit der Gruppenzentrale wird in zunehmendem Maße die Spontaneität durch genaue Analyse und Quantifizierung des Vorzugs der einen Marke gegenüber der anderen oder einer Warengruppe gegenüber einer anderen Warengruppe ersetzt. Fakten treten an die Stelle von freundlichem Werben um die Gunst des Einkäufers.
Die Verkaufsförderung der Industrie muß die Zielsetzung des Handels in der Absatzwerbung möglichst exklusiv unterstützen. Je mehr Exklusivität der Lieferant dem Handel zusichern kann, um so günstiger sind die Voraussetzungen für gemeinsames Vorgehen. Eine Verkaufsförderung der Industrie, die zum Bestandteil der ladenwei-

ten Themenaktion des Handels wird und damit in allen Medien zum Einsatz gelangt, kann dem Profilierungsinteresse des Handels nur dann gerecht werden, wenn sie in keinem anderen Handelsunternehmen durchgeführt wird.

Dem Handelsunternehmen liefern solche Aktionen einen Beitrag zur Profilierung, der um so größer in der Wirkung ist, je mehr spezifische Vorteile es seinen Kunden mit der Aktion gegenüber seiner Konkurrenz geben kann. Die Grenze liegt dort, wo die zu intensive Zusammenarbeit mit einem Handelspartner dem Grundsatz der Gleichbehandlung aller Kunden entgegenläuft. Es werden bei aller Interessendifferenz zwischen Industrie und Handel also durchaus Ansätze für ein koordiniertes Vorgehen in der Verkaufsförderungspolitik erkennbar.

Ein wesentliches Anliegen bei der Verkaufsförderung ist, daß nicht nur mit Rabatt verkauft wird, sondern mit konstruktiven Promotionen:

- Die Aktion muß das Werbethema am Ort des Verkaufs vertiefen.
- Sie muß zu einer Verbrauchserhöhung oder zur Gewinnung neuer Käufer beitragen.
- Die Promotion muß von Maßnahmen begleitet sein, die die Unterstützung des Kunden sichern.
- Sie soll dem Kunden brauchbare Lösungen für seine Probleme anbieten und ihm die Integrierung der Produkte ermöglichen.
- Statt der früher üblichen »Dampfwalzenpromotionen« sind jetzt Promotionen für einzelne Handelsgruppen und Kunden zu entwickeln.
- Bei einer Tailor-made-Promotion ist darauf zu achten, daß außer an die Verbraucher auch an Märkte zweistu-

figer Betriebe und Großhändler gedacht wird. Diese müssen Angebote erhalten, mit denen sie vernünftige Plazierungen mit unseren Produkten durchführen können.

Politik von Nestlé muß es sein, Marketingrabatte zurückzudrehen, um eine glaubwürdigere Marktführerpolitik zu betreiben. Wir müssen uns bemühen, die Preisstruktur in der Weise zu vereinfachen und zu verbessern, daß der Abstand zwischen dem normalen Abgabepreis und dem nach Abzug der Konditionen sich ergebenden Nettopreis wieder kleiner wird. Der Nettopreis muß marktgerecht sein. Und der Preis muß ehrlich sein.
Wir müssen unsere Konditionen ständig überprüfen und dabei vor allem auf folgendes achten:

- Weitere Straffung und verstärkte Ertragsorientierung der Verkaufskonditionen,
- Anpassung der Konditionen an die Struktur des Marktes,
- generelle Unterscheidung zwischen auftrags- und jahresumsatzbezogenen Grundkonditionen sowie Aktionsrabatten,
- Aktionsrabatte in der Tendenz senken, Bindung an Aktionsleistungen unter Berücksichtigung der Usancen in der Branche (Leistung, nicht Listung!),
- Festlegung von Mindestaufträgen, um unrationelle Geschäfte aufzugeben, verbunden mit Gesamtkonditionen für den Großhandel.

Ich bin also, um es verkürzt und konkret zu sagen, eher für eine bessere Kondition des Unternehmens als für bessere Konditionen.

All business is local

Es wird heute viel vom »Global Marketing« gesprochen. Das ist ein neues Schlagwort, das auch irgendwie »Durchschnittsmarketing« bedeutet. Natürlich hat eine Entwicklung stattgefunden, durch die Marketing im größeren Rahmen notwendig wird. Wir haben Satellitenkommunikation, größere Märkte, Bevölkerungswanderungen sowie Produkte, die in gleicher Form weltweit verkauft werden, wie Benzin oder Computer. Aber wir in unserer Unternehmung verkaufen die Produkte direkt an die Konsumenten, und diese unterscheiden sich nun einmal von Land zu Land.

Die Mentalitäten in den einzelnen Ländern, die Konsum- und Essensgewohnheiten sind so verschieden, daß eben der Satz stimmt: »All business is local.« Man kann boshafterweise die Vermutung hegen, daß das Global Marketing von zentralen Stabsleuten erfunden worden ist als neue Möglichkeit zur Vergrößerung ihrer Macht. Man muß hier sehr wohl abwägen und die Sache ideologiefrei betrachten.

Marketing geschieht zunächst in jedem Land, in jedem Markt für sich. Da sind die Konsumenten, da sind die spezifischen Verhältnisse, da sind die entsprechenden Gewohnheiten und Mentalitäten, und darauf muß man sich einstellen. Das heißt natürlich nicht, daß nicht eine ganze Reihe von internationalen Strategien und Überlegungen einen Sinn haben. Man kann Erfahrungen austauschen, und man sollte vor allem in der Markenpolitik und in der Packungsgestaltung nicht in jedem Land etwas anderes machen. Es gibt bestimmte Werbeerfahrungen und Werbegrundsätze für gewisse Produkte, die praktisch überall funktionieren.

Oft ist es auch sinnvoller, mit einer internationalen Werbeagentur zusammenzuarbeiten, weil von den verschiedenen Erfahrungen profitiert werden kann. Es gibt Werbe-Overflow, Satellitenwerbung und ähnliches, weshalb in jedem Unternehmen die Frage ohne Emotionen gestellt werden sollte, welche Aspekte des lokalen Marketings oder der globalen Koordination stärker betont werden müssen.

Wenn man in einer internationalen Zentrale arbeitet, wie ich es tue, muß man in der Regel immer ein bißchen gegen Global Marketing vorgehen, sozusagen als Gegengewicht zur Organisation im Interesse des Konsumenten. Wenn durch Global Marketing eine Durchschnittswerbung herauskommt, die in jedem Land nicht ganz richtig ist, dann hat man eben einen globalen Konkurrenznachteil.

In der Zukunft wird auch im Marketing viel passieren, von dem wir heute noch nichts wissen. Wenn wir nur zwanzig Jahre zurückdenken, was wir damals gedacht und vorhergesagt haben und wie es wirklich gekommen ist, dann wissen wir, wie vorsichtig wir mit unseren Prognosen für die Zukunft umgehen müssen. Was haben wir gedacht oder gewußt über den Zerfall des Kommunismus, über Umweltfragen oder das Ozonloch?

Extrapolationen sind oft nicht so hilfreich, wie wir glauben. Können wir sie ersetzen durch Imagination, Vision, durch Vorstellungsvermögen? Für mich fließen Intuition, Information und wissenschaftliches Marketing zusammen. Intuition ist am Schluß eine kreative Verwertung von Information.

Es gibt natürlich viele Trends, die wir erfassen können. Wir wissen viel über Bevölkerungsentwicklung, über medizinische Fortschritte und ähnliches. Ich bin überzeugt, daß viele Umweltfragen in zehn oder zwanzig Jah-

ren gelöst sein werden. Über viele Dinge können wir uns heute noch gar keine richtige Vorstellung machen, zum Beispiel über die integrierten Kommunikationssysteme, obwohl wir alle darüber viel lesen.
Es wird auch eine immer größere und differenziertere Medienvielfalt auf uns zukommen. Das gibt wieder neue Möglichkeiten für das Marketing, für gezielte Ansprache, im Gegensatz zum Gießkannenprinzip. Auf der anderen Seite werden wir wahrscheinlich weiter Zunahmen an Werbebeschränkungen haben. Kritik und Angriff gegen die Werbung werden zunehmen, ohne daß wir sie verhindern können. Darum werden wir uns der Diskussion stellen müssen.
Einerseits wird es eine stärkere Banalisierung der Massenprodukte geben, andererseits einen Trend zu Individualisierung und Segmentierung des Konsums. Wichtig wird auch sein, daß der Freizeitaspekt eine größere Rolle spielt. Beim Handel wird in Zukunft der Gipfel der Nachfragemacht überschritten sein. Angebots- und Nachfragemacht werden sich austarieren, so daß es hier zu einer größeren Sachlichkeit kommen wird.
Die Konsumgüterindustrie wird vermehrt in der Lage sein, Kostendifferenzen zwischen Eigenmarken und nationalen Marken so zu gestalten, daß sie nicht höher sind, als die Markenpräferenz oder die Qualitätsdifferenz es dem Konsumenten gegenüber rechtfertigen. Wir werden lernen, banale Produkte billiger zu verkaufen.
Wichtig für das Marketing ist natürlich auch die generelle Frage, was mit unserem gesellschaftspolitischen System geschieht. Denn Marketing ohne Marktwirtschaft ist etwas Künstliches. Ich persönlich sehe hier weniger Probleme, denn wir haben doch ausgezeichnete Argumente. Der Zusammenbruch der Planwirtschaft in den letzten

Jahren hat ja gezeigt, daß nur die Marktwirtschaft den Interessen des Konsumenten entspricht.
Probleme kann es im Zusammenhang mit dem Fundamentalismus und dem Purismus geben. Hier entfernen sich die Leute durch ihre Haltung von der Wirklichkeit und schließen sich in fundamentale Systeme ein. Ich glaube, wir müssen unseren jungen Menschen wieder beibringen, daß es nichts Ideales gibt, daß es keine Utopien gibt, daß man jedes System mit seinen Vor- und Nachteilen abwägen muß. Sonst werden sie jedes System aus den Angeln heben, weil es nicht ganz vollkommen ist.
Generell scheint mir für die Zukunft wichtig zu sein, daß wir etwas weniger Mühe verwenden auf Prognosen und Extrapolationen, sondern daß wir ein bißchen mehr kreatives Vorstellungsvermögen und vor allem eine Haltung entwickeln, eine Bereitschaft und eine Mentalität, die offenbleibt für die Entwicklungen in der Welt. Daß wir uns nicht verfestigen in irgendeiner Haltung, daß wir bereit sind, aus neuen Entwicklungen Konsequenzen zu ziehen, Maßnahmen zu treffen und Entscheidungen zu fällen – das soll eine wichtige Zielsetzung sein.

Die Welt wird zum Dorf

Die zweite Hälfte des 20. Jahrhunderts und die vor uns liegende Zukunft sind charakterisiert durch eine Explosion der Kommunikationsmittel und Inhalte, die mühelos nationale und ideologische Grenzen überspringen. Wenn totalitäre Systeme zusammenbrechen, wenn abgeschottete Staaten weniger und weniger möglich sind, dann ist das nicht zuletzt auch auf die Entwicklung der Kommunikation zurückzuführen.

Kommunikation macht auch die Herausbildung eines globalen Bürgertums möglich, das bei allen ethnischen, sprachlichen und kulturellen Unterschieden und den vielen damit verbundenen aktuellen Problemen mit der Zeit doch gemeinsame Haltungen, Werte und Lebensweisen entwickelt, Ansprüche an die sozialen und politischen Verhältnisse stellt und einen Freiraum für persönliche, wirtschaftliche und berufliche Entwicklung fordert.

Auf internationaler Ebene wächst die Bereitschaft zu einer verstärkten Zusammenarbeit auf allen Gebieten. Mächtige Wirtschaftsräume gruppieren sich in Europa, in Nord- und Südamerika, in Asien und, beginnend, auch in Afrika.

Mit der globalen Kommunikation ist auch eine ungeheure Informationsvermehrung verbunden sowie eine Beschleunigung der wissenschaftlichen und technologischen Entwicklung. 90 Prozent aller Wissenschaftler, die je auf Erden wirkten, leben heute. Alle 10 bis 15 Jahre verdoppelt sich die Menge der pro Jahr publizierten Fachliteratur. Waren von der arbeitenden Bevölkerung in den USA anno 1880 nur 2 Prozent im Bereich Information, Wissen, Erziehung tätig, so werden es im Jahr 2000 66 Prozent sein. Der Engländer Barnabe Rich würde sich heute noch wesentlich mehr als im Jahre 1613 wundern, als er schrieb: »Eine der Krankheiten dieses Jahrhunderts ist die Überzahl an Büchern; so überladen ist die Welt von ihnen, daß es unmöglich ist, den Wust an unnützem Zeug zu verdauen, der täglich ausgebrütet und in die Welt geworfen wird.«

Aber wir haben heute auch fast unvorstellbare technische Möglichkeiten, Informationen zu verarbeiten. Mit einer Packungsdichte von rund einer Million logischer Komponenten pro Kubikzentimeter sind Halbleiterelemente

heute etwa gleich dicht mit Logik besetzt wie das menschliche Gehirn. Die ersten Transistoren um 1960 waren eine Million mal weniger dicht und effizient.
Der Umgang mit Information wird auch zunehmend eine Sache des Marktes. Die von der Information benutzten Verkehrswege Post und Fernmeldewesen, die traditionell Staatsmonopol waren, werden mehr und mehr privatisiert. Das ist meines Erachtens eine neue Komponente in der Entwicklung der Kommunikation.
Mit der bereits verwirklichten Globalisierung der Kommunikation stellen wir auch eine stärkere Globalisierung des Waren- und Zahlungsverkehrs fest. Der Welthandel wächst schneller als die Sozialprodukte in den einzelnen Ländern. Am weitesten fortgeschritten ist die Globalisierung im Devisenverkehr. Heute werden täglich zwischen 800 Milliarden und einer Billion Dollar umgeschlagen. Davon betreffen nur 5 Prozent den eigentlichen Güterverkehr. An den fünf großen Weltbörsen werden jährlich Titel im Werte von mehr als 2 Billionen Dollar umgeschlagen.
Globale Kommunikation, verbunden mit weltweiter Liberalisierung, eröffnet ungeheure Chancen für weltweit operierende Unternehmen. Grenzüberschreitende industrielle und finanzielle Operationen, der Transfer von Technologie, die Verbreitung von Konsumgewohnheiten, die interne Führung und Kommunikation in den Unternehmen – all das macht globale Aktivitäten erst richtig möglich.
Globale Segmente, globale Marken wie Nescafé, Coca-Cola, Mercedes, Whisky und Kosmetikmarken verbreiten sich durch die moderne Kommunikation noch schneller und noch intensiver über die ganze Welt.
Auch regionale Gewohnheiten werden durch modernes

Marketing und durch moderne Kommunikation weltweit verbreitet. Ich erinnere an die italienische und orientalische Küche, an englische Möbel, an Golfspielen – alles Dinge, die sich heute schneller auf der ganzen Welt verbreiten. Wir haben also nicht einen allgemeinen Konsum auf der ganzen Welt, aber wir haben verschiedene Segmente des Konsums, also der Lebensstile, die sich weltweit verbreiten, eben deswegen lokale Segmente.
Unternehmen wie Nestlé, verbunden mit den modernen Möglichkeiten der Kommunikation, können hier in großem Stil, in großem Maße Konsumgewohnheiten einer Region über die ganze Welt verbreiten. Die lokale Werbung kann immer mehr ergänzt werden durch weltweite Medien über Satelliten, Fernsehstationen, die Entstehung von weltweit verbreiteten Zeitungen und Zeitschriften und durch die ständig zunehmende Reiseintensität. Es gibt aber viele Möglichkeiten auch für mittlere und kleinere Unternehmen, das wird oft vergessen. Früher konnte ein kleines Unternehmen nicht weltweit operieren. Es gab kein Fax, es gab keine globale Kommunikation. Heute existieren diese Hindernisse nicht mehr.
Kommunikation und Information müssen sich den neuen Gegebenheiten anpassen, sich professionalisieren, neue Mittel und Wege suchen, um die unterschiedlichen Zielgruppen, entsprechend deren Bedürfnissen und Charakteristika, zum Teil über unterschiedliche Medien, anzusprechen.
Auch die Unternehmenschefs verwenden heute mehr Zeit für Informationen und Informationspolitik. Die Kommunikationsfähigkeit ist heute ein wichtiger Bestandteil der Führungsfähigkeiten: Reden, informieren und erklären, motivieren und überzeugen innerhalb und außerhalb des Unternehmens, Interviews, Diskussionen, persönliche

Kontakte auch mit kritischen Gruppen, all das gehört heute zum unternehmerischen Alltag.
Kafkas Schloß – das geht heute, Gott sei Dank, nicht mehr. Transparenz und Offenheit sind langfristig die beste Unternehmenspolitik. Die Entwicklung der modernen Kommunikation hat sehr viel dazu beigetragen, daß wir heute transparente Unternehmen und einen transparenten Kapitalismus haben. Man könnte den kategorischen Imperativ von Kant für die Kommunikationspolitik abwandeln und sagen: »Führe dein Unternehmen so, daß alles, was du tust, morgen auch in der Zeitung stehen kann.«
Die globale Kommunikation sorgt im übrigen auch dafür, daß heute irgendein Nestlé-Ereignis in Chile oder in Thailand, besonders, wenn es etwas Negatives ist, in Sekundenschnelle auf der ganzen Welt verbreitet ist. Irgendeine Sorge, irgendwo, ist die Sorge der ganzen Welt. Das hat Auswirkungen auf unsere Politik in einzelnen Ländern und auf unsere globale Informationspolitik innen und außen.
Bezüglich der Wirksamkeit von Kommunikation von seiten der Unternehmensspitze stehen wir zum Teil vor einem Dilemma – besonders wenn man ein Unternehmen führt, das einem nicht gehört. Kommunikation geht am besten über die Person, das ist der beste Transmissionsriemen. Aber wir wissen oder sind sicher der Meinung, daß Personenkult falsch ist. Das Unternehmen, nicht die Person, soll von der Kommunikation profitieren und profiliert werden. Unternehmenschefs kommen und gehen, und wir müssen uns deshalb als Glied in einer Kette sehen und uns dessen bewußt sein.
Globale Kommunikation stellt auch höhere Anforderungen an die Entwicklung von klaren Unternehmensstrate-

gien, einer verständlichen Unternehmenspolitik und einer stärkeren Beachtung alles dessen, was heute mit Unternehmensimage, Corporate Identity und Unternehmenskultur umschrieben wird. Ein gewisses Problem besteht hier in einem weltweit und dezentral operierenden Unternehmen wie Nestlé. Einerseits müssen wir auf eine einheitliche Politik und eine Kohäsion Wert legen, andererseits ist es gerade Bestandteil unserer Politik, daß wir uns weitgehend in die einzelnen Länder und deren Traditionen und Konsumgewohnheiten integrieren und daß deshalb ein Teil unseres Images und unserer Unternehmenskultur nach Ländern oder auch nach Produktkategorien differenziert ist.

Auch globales Marketing, ein Schlagwort der heutigen Zeit, hat deswegen mindestens für ein Unternehmen wie Nestlé Grenzen, zum Beispiel in Konsumgewohnheiten, im Nahrungsmittelsektor. Die Verbrauchsgewohnheiten und die Kundenstruktur sind in unserer Branche sehr unterschiedlich, das erfordert verschiedene »Policies«. Die Gesetzgebung, die Marktanteile, die wiederum andere Strategien erfordern, sind unterschiedlich, und die Werbung kann eben auch nicht total globalisiert werden. Es ist immer noch schwierig, einem Deutschen in einer Werbung englischen Humor zu verkaufen.

Wichtige Elemente des globalen Wettbewerbs im Zusammenhang mit der Globalisierung der Kommunikation sind heute die Kapitalbeschaffung, der Kapitalmarkt und der Kapitalgeber. Das Preis/Gewinn-Verhältnis spielt eine große Rolle, die Optimierung, das neue Schlagwort vom Shareholder Value, das Kreditpotential und die verschiedenen Möglichkeiten der Eigenkapitalbeschaffung sind in der internationalen Wettbewerbsfähigkeit wichtige Faktoren. Das wird immer deutlicher.

Nestlé ist ein Unternehmen, das an den ganzen Markt geht. Wir wollen Konsumenten, Kunden auf der ganzen Welt erreichen. Dann ist es in unserer internationalen, liberalen Zusammenarbeit auch richtig, daß der Kapitalmarkt genauso offen ist und die Kapitalquellen von überall herkommen und von daher auf die Situation eines Unternehmens bezogen optimiert werden.
Neue Methoden der operativen Führung eines multinationalen Unternehmens durch die heutigen Kommunikationsmittel tragen dazu bei, daß die Betriebssteuerung selbst, die Prozeßsteuerung viel besser gestaltet und optimiert wird. Ich denke da zum Beispiel an Produktionsprogrammierung in einem europäischen Verbund, bei dem ein Unternehmen in jeder Sekunde weiß, was es in einem Land produziert, in einem anderen Land verkauft und von daher Produktionsprogramme aufeinander abstimmen kann. Natürlich liegt darin auch eine Gefahr, und zwar wiederum für die Zentralen.
Die Möglichkeit, in einer Zentrale »on line« mit Korea oder mit Argentinien zu sein, birgt die Gefahr einer Zentralisierung in sich, weil dann automatisch jeder das Gefühl hat, er muß jeden Tag damit verbunden sein, um zu wissen, was dort los ist. Ich habe zum Teil verboten, die Computer so zu schalten, daß das möglich ist – nur um diesen Aspekt einer neuen, laufenden Überwachung zu verhindern, was eben Flexibilität, Engagement und Identifikation in einem Markt reduzieren würde.
Es gibt auch zuviel Information heute. Was da produziert wird, ist teilweise nur »l'art pour l'art«. Das Problem für uns in den Managementetagen besteht darin, dies alles richtig zu beurteilen. Wir haben einerseits Experten, die die ganze Computerwelt für uns organisieren. Wir haben Manager, die besser wissen, was sie eigentlich brauchten,

und wir haben oft nur eine mangelnde Brücke zwischen diesen beiden unterschiedlichen Interessen. Es ist wichtig, dazwischen Leute zu haben, die sowohl über Managementerfahrung verfügen als auch von dieser Welt etwas verstehen, um einerseits zu vermeiden, daß der Papierwust ins Uferlose wächst, andererseits das Notwendige zu tun und zu benutzen.

Im übrigen bin ich der Meinung, daß trotz aller Kommunikation und aller modernen Mittel Reisen notwendig bleiben. Die Technisierung von Information und Kommunikation braucht ein Gegengewicht im persönlichen Umgang miteinander. Deswegen legen wir zum Beispiel großen Wert auf einen sehr personalisierten Führungsstil als eine der Möglichkeiten, Gigantismus und Anonymität in einem großen Unternehmen zu vermeiden. Ich selbst bin mehr als die Hälfte meiner Zeit nicht in meinem Büro, sondern auf Reisen. Diese Besuche dienen der Information, der Beurteilung unseres Managements, der Motivation. Ich kann am Ort Impulse geben und Entscheidungen treffen. Schon in der Bibel steht: »Das Auge des Herrn macht die Wiesen fett.«

Die Entwicklung der Informationsgesellschaft und die globale Kommunikation führen andererseits oft zur Überfütterung mit Informationen. Dies trifft auch für einen speziellen Aspekt der Kommunikation zu, nämlich die Werbung. Jeder amerikanische Erwachsene wird heute täglich mit 3000 Werbebotschaften bombardiert, oder wie kürzlich jemand sagte: Wir leben heute in einer Zeit der Inflation der Worte und der Deflation der Gedanken.

Weltweite Kommunikation zusammen mit weltweiter Liberalisierung und dem Entstehen von gemeinsamen Märkten bedeutet auch mehr Wettbewerb. Leistung wird deshalb in der Zukunft noch mehr belohnt werden als in der Vergangenheit, und Fehlleistungen werden noch stärker bestraft werden. Dies gilt sowohl für Firmen wie für Länder. Damit sind auch Länder viel härter dem Standortwettbewerb ausgesetzt. Innerhalb der gemeinsamen Märkte ist der Vorteil der Größe eines Landes nicht mehr so ausschlaggebend wie früher, wenn die Märkte sich öffnen. Heute hat bei uns auch ein kleines Land wieder die Chance, Produktionsstätte für einen großen Wirtschaftsraum zu werden, wenn es entsprechend gute Standortbedingungen hat, weil die Märkte offen sind. Früher konnte man in einem kleinen Land, in einer protektionistischen Phase die »economy of scale« nicht voll ausnutzen und mußte deshalb Produktion in größere Länder legen. Das hat sich geändert. Von daher ist es also kein Vorteil mehr, in einem Land mit 80 Millionen Menschen zu leben.

Die rasante Entwicklung des Kommunikationsvolumens und der Kommunikationstechniken steht leider zum Teil im Gegensatz zur Kommunikationsfähigkeit des modernen Menschen. Fremdsprachenkenntnisse nehmen zwar zu, aber die Kultur der Sprache, die Genauigkeit mit Begriffen, die Kunst der Rhetorik nehmen eher ab, und ich habe nicht den Eindruck, daß die Menschen sich heute besser verstehen oder die Kunst des Gesprächs besser beherrschen als früher, geschweige denn die Kultur der Umgangsformen. International und global dagegen hat Kommunikation sicher zu mehr gegenseitigem Verständnis geführt.

Wie immer also im Leben gibt es Chancen und Risiken auch bei der globalen Kommunikation, und es hängt am Schluß von der Einstellung und der Fähigkeit des Unternehmens ab, ob es mehr die Chancen nutzt oder von den

Risiken und Gefahren erdrückt oder mindestens negativ beeinträchtigt wird. Schon die alten Chinesen haben dies gewußt. In ihrer Sprache gibt es das gleiche Zeichen für »Chance« und für »Risiko«.

Akquisition als Marketingstrategie

Es gibt sowohl bei Akquisitionen als auch im Marketing keine allgemeingültigen Theorien zur idealen Strategie. Es gibt »nur« konkrete Lösungen, die von Unternehmen zu Unternehmen verschieden sind und die sich auch im Zeitablauf verändern, das heißt, neuen Umständen inner- und außerhalb der Unternehmung anpassen. Manche dieser Lösungen können auch für andere Unternehmen von Interesse sein – Grund genug, sie zu beschreiben.

Die anschließenden Überlegungen beziehen sich primär auf die Nestlé-Gruppe. Die Unternehmung in ihrer heutigen Form ist das Resultat einer Kombination von Wachstum im Inneren – neue Produkte (Nescafé und YES Cake sind nur zwei Beispiele aus der Vielzahl der durch die Gruppe lancierten Konsumgüter) und neue Märkte durch Direktinvestitionen in aller Welt – und von Wachstum durch Zusammenschlüsse und Akquisitionen. Das Schema, das die Entwicklungsgeschichte der Unternehmung beschreibt, gleicht dem Wurzelwerk eines gesunden Baumes, wobei die einzelnen Wurzeläste, einmal zusammengeführt, kräftig weiterwachsen. Die Nestlé-Gruppe erarbeitet heute über 50 Milliarden Schweizer Franken Jahresumsatz – es handelt sich damit zur Zeit um die weltweit größte Unternehmung der Nahrungsmittelindustrie.

Der Begriff »weltweit« stimmt im doppelten Sinn, vom Gewicht her und von der Orientierung: Inzwischen werden nämlich weniger als 2 Prozent des Umsatzes im Stammland Schweiz erarbeitet. Umfang und Internationalität des Unternehmens sind dabei weder Selbstzweck noch Prestigeangelegenheit, sondern funktionell bedingt.

Der Meilenstein Nestlés Akquisitionspolitik wurde schon sehr früh gesetzt, nämlich 1905 mit dem Zusammenschluß der Nestlé mit der Anglo-Swiss Condensed Milk Co. aus Cham. Im Vertrag des Zusammenschlusses wurde als Ziel formuliert, »die Erfahrungen, die beide Gesellschaften auf dem Gebiet der Herstellung und des Handels von Kondensmilch, Kindermehl und anderen ähnlichen Produkten gesammelt haben, auszunutzen«. Zu den vier Fabriken in der Schweiz und je einer in Norwegen, Großbritannien, Deutschland, Spanien und den USA der Nestlé kamen drei weitere in der Schweiz, vier in Großbritannien und zwei in Norwegen hinzu. Es entstanden neue Schwerpunkte in einem internationalen Muster.

Die seither abgewickelten Zusammenschlüsse und Akquisitionen fügen sich ein in eine langfristige Strategie, in der sich im Zeitablauf zwar die Schwerpunkte, nicht aber die Grundkonzeptionen verändert haben.

Der Schwerpunkt wurde in der Zeit der sechziger und frühen siebziger Jahre bei der Diversifikation gesetzt. Nachdem sich mit den gekühlten und tiefgekühlten Produkten zwei Bereiche mit besonders hohem Wachstumspotential abzeichneten, wurde in der traditionellen Doppelstrategie der Einstieg der Nestlé-Gruppe konzipiert: Aufbau neuer Firmen in Bereichen, in die auf breiter Basis bestehende Erfahrungen eingebracht werden konnten, Akquisitionen in den Produktbereichen/Märkten, in denen zusätzliche Kenntnisse über Produktion, Produktgestaltung, Vertrieb und Verkaufspolitik, Werbung und Preissetzung etwas weiter entfernt von bisherigen Erfahrungsschwerpunkten gesucht wurden (1962/69 Findus International, eine damals vorwiegend in Skandinavien und England aktive Unternehmung für tiefgekühlte Produkte, und 1973 Stouffer in den USA, ebenfalls – allerdings nicht nur – in Tiefkühlprodukten erfolgreich). Zahlreiche andere Übernahmen mit Diversifikationscharakter wurden parallel oder zeitlich etwas verschoben zu den Akquisitionen und Erweiterungsinvestitionen im Tiefkühlbereich durchgeführt.

Vier Grundprinzipien

Erstes Prinzip:
Eine Übernahme ist nur dann wirklich erfolgreich, wenn sie in einer Atmosphäre der gegenseitigen Lernbereitschaft durchgeführt wird. Marketingerfolg ist primär immer das Resultat der Kombination von Wissen und Erfahrung der Mitarbeiter – wenn man nicht bereit ist, dieses Wissen zu übertragen und zu nutzen, bleibt ein wichtiger Synergieeffekt auf der Strecke.

Zweites Prinzip:
In jede Akquisition sind eigene Stärken einzubringen. Eine entscheidende Vorbedingung ist finanzielle Stärke. Vor Anlaufen der Serie wichtiger Übernahmen durch Nestlé Mitte der achtziger Jahre wurde mit Beginn 1980/81 eine Phase der Stärkung der Ressourcen der Gruppe geschaltet. Dabei ist die verfügbare Liquidität zur Finanzierung von Übernahmen nur ein Teilaspekt,

nicht einmal unbedingt der wichtigste. Selbstverständlich ist es angenehm und oft auch vorteilhaft, wenn man eine Akquisition ganz oder großenteils sofort aus eigenen Mitteln finanzieren kann. Doch in einem Land mit einem gutfunktionierenden Kreditsystem wäre es absurd, wenn der Unternehmer nicht auch bereit wäre, für große Vorhaben temporär fremde Mittel zu beanspruchen. Wichtiger war es in jener Phase, die Ertragslage der Gruppe dauerhaft zu stärken. Die Umsatzrendite wurde in der Zeit von 1980 bis 1987 von 2,8 Prozent auf 5,2 Prozent gesteigert, also nahezu verdoppelt. Drittes Element der Stärke sind die Strukturen, das Produkteangebot, die Marktstellung. Die Übernahme von Rowntree ist vor allem deswegen zum Erfolg geworden, weil die Nestlé-Gruppe mit dem YES Biscuit und anderen Produkten bewiesen hat, daß sie im Marktsegment der übernommenen Firmen sehr wohl in der Lage ist, Produkte zu lancieren und fest zu etablieren.

Drittes Prinzip:
Die Nestlé-Gruppe ist nicht interessiert an einer Übernahme von Unternehmen in wirtschaftlichen Schwierigkeiten. Unsere Devise ist: Die Gruppe bietet nicht nur Stärke, sie sucht auch Stärke. Maßgeblich für die Beurteilung sind etwa das langfristige Entwicklungspotential einer Unternehmung, das Know-how in Marketing und Technologie.

Viertes Grundprinzip:
Die Beschränkung bei Neuerwerbungen auf solche Bereiche, in denen man entweder vom Markt und/oder den Fabrikationsprozessen her eine Verbindung herstellen kann zwischen bestehendem und neu dazukommendem

Leistungsangebot, zwischen bereits vorhandenen und neu aquirierten Erfahrungen. Das bedeutet einerseits die Absage an das Konglomerat, andererseits an die vertikale Integration, an die Eingliederung von Rohstoffproduktion oder des Einzelhandels.
Es sei hier nochmals wiederholt, was ich einleitend geschrieben habe: Die Prinzipien gelten für Nestlé. Sie verdienen vielleicht Beachtung als erfolgreiches Konzept, es besteht aber keinerlei Anspruch auf Allgemeingültigkeit. Andere Unternehmen sind mit anderen Konzepten erfolgreich.

Während die Prinzipien nach wie vor gelten, hat die Akquisitionsstrategie (um die Mitte der achtziger Jahre durch neue Schwerpunkte) eine teilweise veränderte Ausrichtung erfahren. Wir beobachten heute eine starke Tendenz zur Globalisierung der Märkte. Im Investitionsgüterbereich ist schon seit längerer Zeit nur die beste Maschine gut genug – und die beste setzt sich dann auch rasch weltweit durch. In neuerer Zeit ziehen die Konsumgüterbereiche, was Globalität angeht, nach – elektronische Konsumgüter sind das sichtbarste Beispiel. Die jungen Leute hören heute zum etwa gleichen Zeitpunkt die gleiche Musik – in Europa, in den USA, in Lateinamerika, in Japan, in Osteuropa –, sie kleiden sich ähnlich. Die Eßgewohnheiten, aber nicht unbedingt alle Eßwaren, beginnen sich stetig international anzugleichen. Ohne weitere Beispiele anzuführen – die Märkte globalisieren sich.
Eine Unternehmung, die aus eigener Kraft den weltweiten Erfolg sucht, kann nicht mehr, wie manche dies früher taten, in Etappen vorgehen, zuerst den Heimatmarkt bearbeiten, um danach erst sukzessive die Exportmärkte

zu erobern. Verlangt ist vielmehr die volle Präsenz mit jeweils etwa gleichem Gewicht und Nachdruck in den drei Hauptmarktregionen der Erde, in Europa, Nordamerika und im Pazifischen Becken mit Schwerpunkt Japan. Wer strategisch und in langen Zeiträumen denkt, wird auch den Märkten der Dritten Welt volle Aufmerksamkeit zukommen lassen.

Der Erfolg auf wichtigen Industrieländermärkten setzt voraus, daß man in der Größenordnung eines maßgeblichen Konkurrenten auftreten kann. Die Kriterien sind streng, denn die Märkte sind – physisch – eng geworden. Die Globalisierung der Märkte und Unternehmen hat auf seiten der Märkte zu einer Verbreiterung des Produktangebots geführt: Die Zahl der in Supermärkten der USA angebotenen Produkte stieg von 13 000 im Jahr 1981 auf 21 000 im Jahr 1991.

Dabei bleibt dann in der Regel beim einzelnen Produktetyp neben der Eigenmarke der Einzelhandelskette, und das ist ein weltweites Phänomen, höchstens noch Platz für zwei, vielleicht drei Markenfabrikate. Eine breite Marktpräsenz erreichen somit nur der Marktführer, der zweite und eventuell noch der dritte im Markt.

Nestlé ist auf dem Weg zur Globalisierung schon sehr weit vorangekommen. Die Übernahme von Carnation im Jahre 1985 hat uns dem Ziel, unsere Marktpräsenz in den USA zu verstärken, einen ganz wichtigen Schritt näher gebracht, ohne damit das Gleichgewicht zwischen den Produktbereichen zu stören. Fast nebenbei, aber sicher nicht ungewollt, kam es zum Eintritt ins Petfood-Geschäft.

Mit der Übernahme von Buitoni ging es nicht mehr um globale Gleichgewichte, sondern um die Stärkung konkreter Schwerpunkte innerhalb des globalen Konzepts von Nestlé: Einerseits wurde die Marktstellung in Italien und anderen europäischen Ländern verstärkt. Dazu eine Randbemerkung: Das vielzitierte Binnenmarktprogramm wird bei standardisierten, neuen Produkten ohne Verknüpfung mit lokalen Eßtraditionen (ich denke etwa an das bereits erwähnte *Yes*, aber auch an Schokoladenriegel, wie *Nuts* oder Spezialitäten wie *Smarties* und *After Eight*) dank »Verkehrserleichterungen« an der Grenze zu Kosteneinsparungen und über relativ günstige Preise zu einer gewissen Ausweitung des Konsums führen – doch bei den »traditionellen« Qualitätsnahrungsmitteln (Nescafé, Tiefkühl- und gekühlte Produkte) werden durch den Abbau administrativer Hemmnisse nicht Standardisierung oder Nivellierung von Qualitäten ausgelöst: Die Vielfalt bleibt erhalten – die Geschmäcker bleiben verschieden. Es wird also auch für die Zukunft wichtig sein, daß die Stellung in den heute (noch) nationalen Märkten des EG-Raumes den vorne beschriebenen Erfordernissen entspricht.

Bedeutung der Synergieeffekte

Andererseits ging es bei der Akquisition von Buitoni auch darum, produktemäßige Schwerpunkte zu stärken – Teigwaren, »in der Mitte des Tellers«, innerhalb der Nestlé-Gruppe bisher primär als Bestandteil in Fertiggerichten verkauft, aber auch Tiefkühlprodukte (Davigel) und Qualitätsschokolade (Perugina).

Noch klarer wird diese Absicht, innerhalb des globalen Marketingkonzepts produktemäßige Schwerpunkte zu verstärken und in spezifischen Bereichen die Marktführerschaft zu übernehmen, bei der Übernahme von Rowntree sichtbar. Dieser Entscheid wurde ja stark durch die Umstände beeinflußt: Ein Vorprellen des Konkurrenten Jacobs-Suchard war der Auslöser, von den Kooperationsgesprächen mit dem Schokolade- und Konfektspezialisten in York zu einer schnelleren Gangart zu wechseln. Beeinflußt wurden dabei aber nur Zeitpunkt und Form des Vorgehens, für den Inhalt waren und sind strategische Aspekte maßgebend. Mit den Marken von Rowntree wurden Marktanteile im expandierenden Segment der Schokoladenriegel erworben – vor allem in Kontinentaleuropa, aber auch in zahlreichen anderen Gegenden, wo britische Konsumgewohnheiten immer noch hoch im Kurs stehen.

Marktanteile sollten, dies eine weitere Randbemerkung, den strategischen Übernahmeentscheid mit-, aber nicht alleine beeinflussen. Dabei spielen die Kosten eine bedeutende Rolle: Will man Marktführer werden, kann man bei Nahrungsmitteln nicht einfach auf die jährliche Marktausweitung zählen, man muß vielmehr Konkurrenten verdrängen. Das verursacht überproportionale Kosten beim »Angreifer«, aber auch bei »angegriffenen« Unternehmen, das heißt oft unnötige Kosten für die Wirtschaft insgesamt.

Die Akquisition ist hier die effizientere Lösung. Der Nutzen eines kooperativen statt des bedingungslos aggressiven Vorgehens stimmt natürlich nur so lange, als Marktführerschaft nicht mit Monopolisierung, maßgebliche Marktpräsenz nicht mit Marktbeherrschung verwechselt wird. Gerade eine Unternehmung in der Größenordnung von Nestlé braucht den Wettbewerb, um fit zu bleiben. Die Gruppe nimmt deswegen in keinem Markt oder Produktbereich eine beherrschende Stellung ein – sie strebt sie auch nicht an.

Noch eine Bemerkung zum Thema Kauf von Marktanteilen: Sie machen meines Erachtens nur dann Sinn in einer langfristig orientierten Marketingstrategie, wenn die Unternehmung, die übernimmt, sicher ist, daß sie die Fähigkeiten besitzt, die Marktanteile auch wirksam zu verteidigen.

Zuletzt noch einige Anmerkungen zu den Folgewirkungen einer marketingorientierten Akquisitionsstrategie. Eine erste wichtige Folge sind Synergien – sie rechtfertigen, daß gesunde Unternehmen in ein größeres Ganzes eingefügt werden.

Während, stark vereinfacht gesagt, diese Synergien im Produktionsbereich aus der Zusammenfassung und Rationalisierung ähnlicher Vorgänge erzielt werden, sind es im Marketingbereich die Unterschiede in den Stärken, die sich über eine gegenseitige Bereicherung multiplizieren. Unternehmen wie Carnation, Buitoni oder Rowntree profitieren heute zusammen mit ihren Marken von der konsequenten und erfolgreichen Globalisierungspolitik der Nestlé-Gruppe.

Eine zweite Folgewirkung: Bereicherung der Märkte. Nestlés Akquisitionspolitik zielt nicht einfach auf einen Zusammenschluß großer Einheiten, die Übernahme nur von Unternehmen mit Milliardenumsätzen. Ein Beispiel aus neuerer Zeit für die Akquisition eines kleinen, hochspezialisierten Unternehmens durch die Gruppe ist Pasta & Cheese, Fabrikant von Frischteigwaren in den USA. Hinter diesen Produkten stehen nun die weltweite Marketingerfahrung und der reale Marktzugang der Nestlé-Gruppe.

Es stellt sich die Frage, wie sich Synergien aus Akquisitionen und Globalisierung mit den regional unterschiedlichen Markterfordernissen und Geschmacksvorstellungen der Kunden in Einklang bringen lassen. Auch dazu ein Beispiel aus der praktischen Erfahrung innerhalb Nestlé: Globalisierung bedeutet bei Nahrungsmitteln ja nicht, daß unbesehen Produkte international vereinheitlicht oder noch einfacher von einem Land aus ohne Modifikation der übrigen Welt oktroyiert werden. Vielmehr geht es um eine Globalisierung von produktbezogenen Konzepten wie Qualität, Qualitätssicherheit und von dem Kunden angebotene Lösungen.

Wir verwenden etwa beim Nescafé in jedem Markt gleichermaßen unsere Erfahrung bei der Auswahl hochwertiger Kaffeebohnen, schonende Veredlungs- und Aufbereitungsverfahren, der Erhaltung der Geschmacks- und Geruchsstoffe. Doch dann werden die Mischungen verschiedener Kaffeesorten und die Röstgrade sehr sorgfältig auf den lokalen Geschmack abgestimmt – der Nescafé schmeckt in jedem Land anders und erfüllt doch überall die höchstmöglichen Qualitätserfordernisse. Auch hier kommt es zu keiner Nivellierung in den sich globalisierenden Märkten.

Alles in allem: Die Akquisitionen als Marketinginstrumente haben an Bedeutung gewonnen, als Folge der rasch fortschreitenden Globalisierung der Märkte, als Folge auch von veränderten Rahmenbedingungen – Stichwort regionale Integration in Europa, Nordamerika, in Zukunft im Pazifischen Becken. Damit hat sich der »courant normal« von Zusammenschlüssen und Übernahmen in einen etwas höheren Rhythmus gesteigert. Vor allem in den USA – aber auch in Australien – haben oft branchenfremde, an kurzfristigen, spekulativen Gewinnen orientierte Übernahmespezialisten den erhöhten Rhythmus zum Teil in Hektik verwandelt.

Diese Hektik wird wieder abflauen, doch was bleiben

wird, sind Akquisitionen als ein Beitrag zur Strukturanpassung und zur raschen Verbreitung von Innovationen auf den Weltmärkten, als strategisches Instrument des Marketings und als Mittel zur Verbesserung des Marketings.

Vom Lenken eines Schlachtschiffes

In den letzten Jahren hat sich die Diskussion um die multinationalen Gesellschaften erheblich versachlicht. Vorbei sind die Zeiten, wo man auf Podiumsdiskussionen laut und unsachlich niedergebrüllt wurde. Auch die hämischen Presseartikel, die in jedem »Multi« a priori einen zu bekämpfenden Beelzebub sahen, sind geringer geworden. Die Vorteile marktwirtschaftlicher Systeme und privater Investitionen werden wieder besser erkannt. Dazu haben einerseits die Entwicklungen und der Bankrott in nicht marktwirtschaftlich orientierten Ländern beigetragen. Andererseits ist der Dialog zwischen den multinationalen Gesellschaften und den internationalen Organisationen und den verschiedenen gesellschaftlichen Gruppen intensiviert worden, was ebenfalls zu einer Versachlichung und Verbesserung des Klimas geführt hat.

Mehr und mehr sieht man auch ein, daß in einer weltweiten Organisation der Konkurrenzverhältnisse, bei der raschen technologischen Entwicklung, bei dem hohen notwendigen Forschungsaufwand und der Größe der Investitionen sowie bei den heute weltweiten Kommunikationssystemen sowie einer internationalen arbeitsteiligen Wirtschaft multinationale Gesellschaften ganz einfach notwendig, ja lebensnotwendig sind.

Führungsprinzipien eines »Multis«

Nestlé ist grundsätzlich stärker mitarbeiter-, »people«- und produktorientiert als systemorientiert. Natürlich wissen wir um die Notwendigkeit und den Wert von Systemen und Methoden in einer komplexen Organisation. Aber diese Systeme müssen Führungs- und Operationshilfen bleiben und dürfen nicht Selbstzweck werden. Es handelt sich also hier um eine Frage der Priorität. Die starke Orientierung auf den Menschen, auf den Mitarbeiter, auf die Führungskraft halten wir für eine ganz entscheidende, wenn nicht die entscheidende Komponente des langfristigen Erfolges. Deshalb gilt unser Augenmerk der Schulung und Weiterentwicklung, der Beziehungen zu unseren Mitarbeitern und deren Qualität und der Wahrnehmung unserer sozialen Verantwortung, die sich langfristig auch für das Unternehmen auszahlt. Die persönliche und Arbeitsatmosphäre, ein direkter und persönlicher Führungsstil, die Glaubwürdigkeit unserer Führungskräfte, der Umgang miteinander, auch über Ländergrenzen und Betriebseinheiten hinweg, alle diese Dinge haben bei uns einen hohen Stellenwert, werden gepflegt und sind im Bewußtsein, besonders unserer Führungskräfte, fest verankert.

Zur Produktorientierung als zweitwichtigstem Faktor möchte ich nur erwähnen, daß letztlich unsere Legitimation darin besteht, den Konsumenten Produkte anzubieten, die für sie hinsichtlich Qualität, Service, Vielfalt und Preis interessant sind und die im Wettbewerb bestehen können.

Wir geben einer langfristigen Betrachtungsweise Priorität. Dazu ist allerdings notwendig – und darum bemühen wir uns auch –, jedes Jahr ein zufriedenstellendes

Ertragsniveau zu halten, das uns besser in die Lage versetzt, langfristig zu denken und zu handeln. Längerfristige Überlegungen und Entscheidungen sind bekanntlich nur dann möglich, wenn man nicht ständig um kurzfristiges Überleben kämpfen muß. In diesen Zusammenhang gehört auch eine klare Unterscheidung zwischen Strategie und Taktik. Wir wollen den »Krieg« gewinnen und nicht nur eine Schlacht. Mehr langfristiges Denken würde auch viele Konflikte und Probleme zwischen einzelnen Gruppen entschärfen. Das betrifft sowohl den sozialen Bereich und die Mitarbeiterbeziehungen als auch die Konflikte und Interessengegensätze zwischen Handel und Industrie.

Ganz allgemein reden wir nicht nur von Dezentralisierung, sondern setzen diesen Grundsatz konsequent in die Praxis um. In der Schweiz haben wir neben unserem Schweizer operativen Sitz unsere internationale Zentrale und den Sitz der Holding, aber wir betrachten uns deshalb noch lange nicht als den Nabel der Welt. Eine solche Einstellung schafft nicht nur mehr operative Stärke, Flexibilität und führt zu Maßnahmen und Entscheidungen, die besser auf die spezifische Situation eines Landes abgestimmt sind. Mit einer solchen Politik erreicht man gleichzeitig mehr Motivation und mehr Identifikation bei unseren Führungskräften und Mitarbeitern mit unserem Geschäft. Diese Dezentralisierung erfordert natürlich mehr Konsequenzen bei der Besetzung der Kader, viel Investition in Managemententwicklung und Führungskräfte, die nicht nur gut sind, sondern zu denen wir auch Vertrauen haben können.

Lenin hat zwar gesagt: »Vertrauen ist gut, Kontrolle ist besser«, ich bin aber doch der Meinung, daß wir uns ständig bemühen sollten, bessere Voraussetzungen für mehr

Vertrauen zu schaffen und unseren Leuten einen gewissen Vertrauensvorschuß zu geben, getreu dem Goethe-Wort: »Wer die Menschen behandelt, wie sie sind, macht sie schlechter – wer die Menschen aber behandelt, wie sie sein könnten, macht sie besser.« Natürlich müssen wir von ihnen verlangen, daß sie mit dieser Freiheit vernünftig umgehen. Wir brauchen selbstverständlich auch eine klare Vorstellung über das, was wir im allgemeinen wollen und anstreben. Auf diese Weise stellen wir sicher, daß unsere Führungskräfte mit dezentraler Verantwortung diesem starken Dezentralisierungsgrad auch gewachsen sind. Neben den wichtigen strategischen und finanziellen Entscheidungen sowie der grundsätzlichen Politik ist der internationale Sitz in der Schweiz zuständig für weltweite Koordinierungsfragen zwischen einzelnen Märkten, auch auf dem Sektor von Produktion, Import und Export, für die Zur-Verfügung-Stellung von Experten und »Knowhow«, das wir nicht in jedem Markt angesiedelt haben, für die Entwicklung des internationalen Führungspersonals, für die grundsätzliche Finanzierung, für die Forschung beziehungsweise für die Koordinierung der ebenfalls zum Teil dezentralisierten Forschungseinheiten weltweit.

Kollegialer Führungsstil – ja, aber ...

Im übrigen sind wir für eine möglichst einfache Organisationsstruktur, gegen Bürokratie und Überorganisation, für möglichst wenig Führungsstufen und breite Kontrollspannen und gegen die Übertreibung der an sich notwendigen hierarchischen Struktur. Dies alles soll zusammen mit unserer persönlich orientierten Politik gegenüber Führungskräften und Mitarbeitern dazu dienen, die Flexibilität und die Arbeitsfreude in einem großen Unternehmen zu erhalten. Wir haben im übrigen gegenüber den negativen Auswirkungen des sogenannten Gigantismus ohnehin günstige Voraussetzungen, weil wir keine großen Betriebseinheiten haben und über die ganze Weit verstreut sind. Von weltweit über 420 Fabriken gibt es nur eine einzige, die 4000 Personen beschäftigt. Die übrigen haben durchschnittlich etwa 250 Mitarbeiter.

Als weiterer, nicht unwichtiger Grundsatz gilt bei uns ein kollegialer, offener Führungsstil, aber – und das ist sehr wichtig – kombiniert mit einer klaren Führungsspitze auf jeder Ebene. Wir halten nichts von Verantwortungslosigkeit oder Machtkämpfen einer rein kollektiven oder rein kollegialen Führung. Ich bin also mehr für ein »Team mit Spitze« als für ein »Team als Spitze«.

Wenn man über Organisation und Führung in Unternehmungen spricht und Entscheidungen trifft, muß man, wie wir alle wissen, ganz oben anfangen. In diesem Zusammenhang gibt es in der Schweiz manchmal Diskussionen über Aufgaben und Verantwortung von Verwaltungsrat und Generaldirektion.

Das Schweizer Gesetz läßt verschiedene Möglichkeiten offen. Der Präsident kann die Geschäfte führen, man kann einen Delegierten ernennen oder einen Direktionspräsidenten. Wichtig sind in diesem Zusammenhang klare Festlegungen der Verantwortung, damit der Erfolg nicht zu viele Väter hat und bei Mißerfolg der Sündenbock nicht immer der andere ist. Wie immer Aufgaben und Verantwortungen intern festgelegt sind, so scheint es mir doch wichtig, daß der gesamte Verwaltungsrat eine Gesamtkontrolle ausübt und, wo es notwendig wird, auch konsequent handelt. Dies betrifft besonders Entscheidungen über die Führung, wer immer sie auch ausübt.

Eine ganz wichtige Frage, mit der wir uns dauernd beschäftigen, ist das Problem, inwieweit wir einheitliche Grundsätze, Policies, Verhaltensregeln und Strategien haben sollen und inwieweit diese nach Ländern, Gesellschaften, Regionen und nach Branchen oder Produktgruppen differenziert sein sollen. Diese Frage hat eine ganz entscheidende Bedeutung für den Erfolg eines Unternehmens und wird oft zuwenig gesehen. Generell neigen wir dazu, möglichst wenige einheitliche Policies zu haben, aber deren Einhaltung dann strikt zu verlangen, sofern nicht berechtigter Widerspruch, den wir ebenfalls fordern, uns zu einer Änderung zwingt.

Natürlich wollen wir auf dem Gebiet von Systemen und Methoden möglichst viel Einheitlichkeit haben, aber sobald es zur Personalführung, zum Marketing, zu Produktqualitäten, zu Fragen, die vom Konsumenten, vom lokalen Wettbewerb abhängen, kommt, wird möglichst viel dezentralisiert. Hier geben wir lediglich manchmal sogenannte »Guidelines«, die regional adaptiert werden müssen. Unsere generelle Politik ist also, uns so weit wie möglich in die regionalen Gegebenheiten, Mentalitäten und Situationen zu integrieren. Es ist also nicht unsere Philosophie, ein großes Heimgeschäft zu haben und dazu einige Satelliten im Ausland. Wir wollen im Ausland keine Outsider, sondern Insider sein. Natürlich gehen wir hier nicht bis zur Selbstverleugnung.

Jeder soll wissen, was Nestlé ist, woher Nestlé kommt, welche grundsätzlichen Philosophien wir haben, daß wir in allen Niederlassungen einige gute Schweizer Tugenden wie Pragmatismus, Realismus und positive Einstellung zur Arbeit erhalten wollen; aber jeder soll auch wissen, daß wir weltoffen und liberal sind. Daß wir eine internationale Zusammensetzung der Führung haben und haben wollen, und zwar nicht nur in der Schweiz, sondern in möglichst vielen Märkten, bei gleichzeitiger starker Forcierung und Entwicklung von lokalen Führungskräften, versteht sich von selbst. Zu diesem Punkt darf man auch einmal sagen, daß die multinationalen Unternehmen aufgrund ihres Austausches von Führungspersonal und Spezialisten einen nicht zu unterschätzenden Beitrag zu einer besseren Kenntnis einzelner Länder und damit zu mehr Toleranz und Verständigung leisten.

Personalpolitische Fragen sind der Schlüssel für alles andere. Deshalb ist die richtige Auswahl der Führungskräfte ganz entscheidend. Je höher die Führungsstufe, desto mehr spielt neben Intelligenz, Ausbildung und Erfahrung die allgemeine Persönlichkeit eine Rolle. Dabei geht es zunächst um Charakter, Verantwortungsgefühl und moralische Qualitäten. Darüber hinaus stehen für mich folgende Eigenschaften besonders im Vordergrund:

- Mut, Nerven und Gelassenheit.
- Lernfähigkeit, Sensibilität für Neues, Vorstellungsvermögen für die Zukunft oder Vision, wie man heute zu sagen pflegt. Um diese Fähigkeiten zu entwickeln, muß man sich natürlich informieren, und dazu gehört mehr als ein »Management Information System«. Dazu gehört ein waches Interesse für alles, was auf der Welt vorgeht, und eine ständige Neugier bei Gesprächen, Kontakten und Reisen.
- Kommunikations- und Motivationsfähigkeit nach innen und nach außen. Wer nicht verständlich informieren und Menschen nicht motivieren und begeistern

kann, wird es heute als Führungskraft schwer haben.

- Fähigkeit zur Schaffung eines innovativen Klimas.
- Denken in Zusammenhängen.
- Glaubwürdigkeit, Einheit von Sprechen und Handeln.

Führungsqualität in dem von mir beschriebenen Sinne – und dazu gehören auch Internationalität und Bereitschaft zur Veränderung – ist nicht nur beim Topmanagement notwendig. In abgestufter Form betreffen diese Anforderungen alle Kader. Das sind bei Nestlé bei einem Gesamtpersonalbestand von 200 000 Beschäftigten etwas über 10 000 Führungskräfte.
Bezüglich der Besetzung der Führungskräfte in den Märkten legen wir Wert darauf, daß sowohl lokale Kräfte entwickelt werden und Verantwortung übernehmen als auch internationale Führungskräfte im jeweiligen Managementteam sind. Dadurch wird mehr Erfahrung und mehr Vielfalt in einer Direktion angesiedelt, was für das Geschäft nur gut sein kann. Hierbei ist natürlich auch zu berücksichtigen, daß wir eine gewisse Anzahl von Schweizer Führungskräften fördern.
Viel wurde in den letzten zwanzig Jahren, beeinflußt von den USA, von »Job-rotation« gesprochen. Dies ist in einem gewissen Umfang notwendig, um die Führungskräfte auszubilden und zu entwickeln und um in die Managementteams auch wieder frische Ideen einzubringen. Andererseits sollte die Bedeutung der Kontinuität in der Führung sowie der Wert von Erfahrung und Kenntnissen, die man bei einer bestimmten Aufgabe erst sukzessive erhält, nicht unterschätzt werden. Es gibt viele Unternehmen, die über Jahre und Jahrzehnte hinweg die glei-

che Führung hatten, die das Unternehmen erfolgreich und dynamisch entwickelt hat.
Ein wichtiger Aspekt ist die langfristige Sicherung der Führung durch ständige Einstellung und Entwicklung von Trainees besonders in den größeren Märkten, die dann nach zehn bis fünfzehn Jahren für Führungsaufgaben zur Verfügung stehen. Wir legen hierbei Wert darauf, daß ein Drittel dieser Kräfte für einen internationalen Einsatz bereit ist. Bei der Zusammensetzung von Führungsteams halte ich auch sehr viel von der Ergänzungstheorie, weil in einer Person nie alle Qualitäten und Erfahrungen vereint sind.
Wir wollen kein Konglomerat werden und auch keine Portfoliomanager. Wir wollen nur Geschäfte betreiben, von denen wir auch etwas verstehen. Wir wollen ein Weltunternehmen, aber kein Allerweltsunternehmen sein. Diversifikationsbestrebungen und Akquisitionen sehen wir deshalb mehr im Sinne einer logischen Ergänzung unserer Geschäfte und in einer wohlverstandenen Unternehmens- und Marketingpolitik.
Im Zusammenhang mit der Entwicklung des Unternehmens und der Förderungen von Innovationen muß auch ein innovatives Klima im Unternehmen geschaffen werden. Und Risikokapital muß in vernünftigem Umfang zur Verfügung gestellt werden. Wenn wir in all diesen Überlegungen und Maßnahmen nicht erneuerungsbereit und initiativ sind, dann sind wir eben keine »Unternehmer«, sondern »Unterlasser«. Andererseits müssen wir nicht immer nur nach der großen und dramatischen Innovation suchen, sondern die Bedeutung der Renovation und der ständigen Erneuerung und Anpassung von Sortimenten nicht unterschätzen und auch den internationalen Erfahrungsaustausch für die Förderung unserer Geschäfte nutzen.

Ein Wort zu den generellen, oft diskutierten Organisationskonzepten, nämlich Regionalisierung versus Produktdivisionalisierung. Generell kann man dazu sagen: Je homogener ein Geschäft (beziehungsweise Nahrungs- und Genußmittel) ist, desto mehr sollte das Regionalkonzept im Vordergrund stehen, natürlich mit einigen Divisionselementen. Für die maximale Ausschöpfung und Koordinierung des Produkt-Know-hows und die Entwicklung von Produkten ist schließlich auch keine Linienverantwortung notwendig. Im übrigen sollten Organigramme auch an die zur Verfügung stehenden Personen mit deren Erfahrungen und Stärken angepaßt werden.
Bezüglich des Themas Datenverarbeitung und integrierte Kommunikation gibt es einerseits natürlich sehr viele neue Möglichkeiten für ein großes und internationales Unternehmen. Andererseits sollte die Tatsache, daß jeder über Tausende von Kilometern hinweg mit einer Niederlassung in jeder Sekunde »on line« verbunden sein kann, nicht die gewollte Dezentralisierung der Entscheidungen und Operationen einschränken.
Ein weltweit operierendes Unternehmen kommt ohne Planungs- und Kontrollinstrumente nicht aus. Wir brauchen im Planungsprozeß sowohl »Top-down«-Überlegungen und Zahlen wie auch eine »Bottom-up«-Planung. Generell sollten Pläne viel weniger Ziffern und Zahlen enthalten, sondern mehr die Beschreibung von Zielen und Wegen sowie Aspekte der qualitativen Planung. Ich meine: »More pepper, less paper!«
Einerseits beobachten wir eine Beschleunigung in verschiedenen Entwicklungen wie in der Technologie, bei verschiedenen Strömungen, im Verhalten der Menschen, andererseits sind große Unternehmen in der Regel Schlachtschiffe und keine Schnellboote, lähmen oft Ein-

zelinitiativen und verlieren die Fähigkeit zur raschen Anpassung und Flexibilität. Hinzu kommt, daß der Stolz und die Zufriedenheit mit dem Erreichten oft den Blick für notwendige Neuerungen verstellt. Aus diesem Grunde ist es eine der wichtigsten Aufgaben der obersten Unternehmensleitung, notwendige Änderungen frühzeitig einzuleiten und die Mitarbeiter zu informieren, zu überzeugen und generell ein Klima der Bereitschaft und inneren Einstellung für Veränderungen und für neue Initiativen zu fördern.

Die Amerikaner haben wieder einmal mehr hierfür bereits das griffige Wort von den »changemasters« erfunden, mit dem sie einen bestimmten Typ von Unternehmensleiter charakterisieren. In diesem Zusammenhang möchte ich auch auf die Bedeutung des Timings für den Erfolg in einem Unternehmen hinweisen; wer irgendeine Entwicklung früher sieht und diese in Entscheidungen und Maßnahmen umsetzt, vielleicht auch zu einem Zeitpunkt, zu dem seine Umgebung noch nicht ganz so weit ist, der wird allgemein wegen des Zeitvorsprungs erfolgreicher arbeiten. Manchmal kann es allerdings auch passieren, daß eine bestimmte Idee zu früh entwickelt wird, daß die Zeit hierfür noch nicht reif ist.

Bei diesen Veränderungen geht es nicht nur um die großen dramatischen Innovationen und Restrukturierungen, sondern um laufende Anpassungen auf allen Gebieten. In einer sich ständig verändernden Umwelt muß man Wechsel als einen ständigen Prozeß akzeptieren, ohne allerdings grundsätzliche Einstellungen und Ziele dauernd zu verändern. Rein organisatorisch ist es in diesem Falle ebenfalls wichtig, flexible einfache Strukturen zu haben und zu große Einheiten, wo immer möglich, zu vermeiden. Nestlé hat in diesem Zusammenhang den natürli-

chen Vorteil, daß wir zwar eine große Firma sind, aber gleichzeitig auf viele Länder und viele Fabriken mit eigenen Führungen und Verantwortungen verteilt sind.
Um notwendige Änderungen zu beschleunigen, ist vor allem die oberste Führung gefragt, und hier gibt es natürlich auch eine ganze Reihe von Techniken und Verhaltensweisen, die dies bewirken können. Manchmal spreche ich von Management by provocation, weil gewisse provokative Aussagen oft schneller Überlegungen, Reaktionen und Prozesse in Gang setzen, als es sonst der Fall wäre. Für Veränderungen braucht man auch Kraft, Autorität und Glaubwürdigkeit. Was man sagt und was man tut, das muß übereinstimmen. Für mich ist dabei der persönliche Kontakt, das persönliche Gespräch mit den Führungen der einzelnen Länder und mit den Mitarbeitern sehr wichtig. Dies kann durch keinerlei schriftliche Richtlinien und Korrespondenzen ersetzt werden, und deshalb bin ich mindestens die Hälfte der Zeit unterwegs.

Vielfalt vor Einfalt

Stichwort »Konzentration in der Wirtschaft«: Entscheidend ist nicht die Größe als solche, sondern die Offenhaltung des Wettbewerbs, wobei heute Wettbewerb vielfach international betrachtet werden muß, weil sich der Wettbewerb zwischen Europa, den USA, Japan und einigen Schwellenländern abspielt. Im übrigen wird das Thema Macht und Größe oft mystisch übertrieben und ist ohnehin eingegrenzt durch Gesetzgebung, Wettbewerb, Kontrollorgane und Publizität, was wir voll bejahen. Überhaupt sollte die Diskussion über Größe und über Großunternehmen und über Mittelstand nicht ideologisch übertrieben werden, sondern neben den wettbewerbspolitischen Gesichtspunkten sollte sich betriebswirtschaftlich in einem Markt die Größenordnung herausbilden, die für eine bestimmte Branche, für eine Produktion am geeignetsten ist. Eine gewisse Größe ist notwendig für internationale Wettbewerbsfähigkeit, Forschungsinvestitionen oder gewisse Technologien; andererseits bestehen mit Spezialprodukten, bei nur lokal arbeitenden Unternehmen, sowie im Service- und Dienstleistungssektor viele Möglichkeiten für kleinere und mittlere Betriebe. Vielfalt ist wichtig.

Wichtigkeit des Mitarbeiters

Mit Recht erwartet man von einem Konzernchef in erster Linie die Motivation der Führungskräfte und Mitarbeiter. Dies erfordert Messung des Erfolgs, Richtlinien, mehr Konsequenz in der Besetzung der Führungskräfte und Management-Audit. Mein Prinzip ist die absolute Langfristorientierung: den Krieg gewinnen und nicht nur eine Schlacht. Deshalb ist auch der jeweilige Jahresgewinn wichtig, weil dann langfristige Betrachtungsweisen besser gestellt und durchgesetzt werden können.
Diese Langfristorientierung ist zwar auch im Marketing oder im Investitionsbereich nötig, aber eben besonders in der Personalpolitik. Ausgaben für die Entwicklung und Förderung von Führungskräften und Mitarbeiterschulung zur Anhebung der Qualität sind nicht nur als Ausgaben zu betrachten, sondern als Investition in die Zukunft. Dabei ist nicht nur die Ausgabenhöhe wichtig, sondern was gemacht wird: also keine Akademie mit Kursen über das Wesen von Entscheidungsprozessen für Vorarbeiter oder die psychologischen Hintergründe von Interak-

tionen oder gar Kurse über chinesische Keramik, sondern auf die betrieblichen Ziele und Bedürfnisse gerichtetes Training unter möglichst viel Einbeziehung von leitenden Mitarbeitern als Referenten und Diskussionspartnern.

Zur langfristigen Realpolitik gehört auch mehr Kontinuität und weniger Fluktuation. Deshalb ist auch die oft genannte und auch notwendige Job-rotation gegen die ebenfalls erforderliche Kontinuität bei Führungspositionen immer abzuwägen. Langfristig sind vertrauensbildende Maßnahmen und die Überzeugung der Mitarbeiter notwendig, daß wir im gleichen Boot sitzen. Soziale Konflikte werden jedenfalls um so schärfer, je mehr von beiden Seiten kurzfristig gedacht wird.

Generell ist der Personalchef nicht Chef des Personals, sondern Leiter der Personalabteilung. Es gibt nichts Schlimmeres, als wenn die Chefs von einzelnen Abteilungen, Divisionen oder Bereichen glauben, Personalangelegenheiten seien Sache der Personalabteilung. Die Personalabteilungen erfüllen selbstverständlich wichtige Aufgaben in der täglichen Personalarbeit, in der Beratung der Führung, und sie müssen auch dafür sorgen, daß allgemeine personalpolitische Grundsätze und Personalpraxis im ganzen Unternehmen gleich gehandhabt werden, soweit nicht Differenzierungen aufgrund von Ländergegebenheiten oder anderer Strukturen berechtigt sind.

Personalpolitik und Personalarbeit sollte auch nicht mit bombastischen Ausdrücken betrieben werden. Dies fängt bei den Bezeichnungen der Personalabteilungen schon an, die sich ja heute manchmal »Human resources department« oder ähnlich nennen. Und das setzt sich fort in den Schlagworten, mit denen angeblich die Mitarbeiterbeziehungen verbessert werden sollen: kooperativer Führungsstil, partizipatives Management. Natürlich drücken alle diese Schlagworte und Bezeichnungen auch zum Teil Sinnvolles aus oder setzen einen wichtigen Akzent, aber unsere Mitarbeiter haben ein feines Gespür dafür, ob wir nur Schlagworte produzieren oder ob wir uns ehrlich bemühen, saubere Personalarbeit zu leisten, um mit der richtigen Einstellung an die Mitarbeiterführung heranzugehen.

Oft erleben wir einen Ersatz der Führung durch Systeme, ja man kann sogar sagen: Je weniger wirkliche Führung vorhanden ist, desto mehr wird der ganze Betrieb mit Personalsystemen übersät (Gehaltsfindungs-, Bewertungs-, Klassifikationssysteme, detaillierte Anweisungen zur Personalführung). Dies kostet viel Geld und bringt nichts. Im Gegenteil, es demotiviert und lenkt die Personalarbeit zum Teil in die falsche Richtung. Bei richtiger Ausrichtung auf das wirklich Notwendige und Sinnvolle sowie Wahrnehmung der eigentlichen Personal- und Führungsfunktion durch die Chefs können Personalabteilungen stark verringert werden.

Wichtige Voraussetzungen für effiziente Personalarbeit und Motivation der Mitarbeiter sind breite Kontrollspannen, wenig Führungsstufen, Delegation von Verantwortung und Kompetenz. Weiter einfache, verständliche Strukturen, Kommunikation und Information nicht pyramidal organisieren. Und schließlich keine großen Aufgabenbeschreibungen und Kompetenzabgrenzungen, sondern nur Nahtstelle für Konfliktfälle sein, sowie Neuregelungen durchsetzen.

Obwohl wir bei Nestlé bemüht sind, die Mentalität und die Gewohnheiten der einzelnen Länder zu berücksichtigen, gibt es gewisse allgemeine Grundsätze, die überall gelten, zum Beispiel die Einstellung zur Arbeit, Pragmatismus, Realismus, Weltoffenheit, ein Minimum an Systemen und geschriebenen Richtlinien, persönlicher Führungsstil, gegenseitiges Vertrauen statt Intrigen, keine Angeberei, möglichst wenig Phrasen, keine Heuchelei, keine Broschüren über Unternehmenskultur, aber mehr Praxis und Vorleben.

Die schönsten Statements nützen nichts, wenn wir bei einer Führungskraft ein Verhalten dulden, das gegen alle diese Prinzipien verstößt, nur weil sie fachlich gut ist. Damit werden wir für alle Zeiten mit unseren Sprüchen unglaubwürdig. Natürlich müssen wir bei jedem Mitarbeiter Schwächen tolerieren. Aber grundsätzliche Sünden wider den Heiligen Geist erfordern konsequentes Handeln. Unternehmenskultur entsteht über viele Jahre und Jahrzehnte hinweg, muß von einer verantwortlichen Führung auch ständig gepflegt und hier und da vorsichtig an neue Verhältnisse angepaßt werden. Unternehmenskultur ist auch etwas so Subtiles, daß sie schwer definiert werden kann. Irgendwo habe ich gelesen, Unternehmenskultur sei die Summe aller Selbstverständlichkeiten, und Goethe hat schon gesagt: »Wenn ihr's nicht fühlt, ihr werdet's nicht erjagen!«

Wenn man über optimale Mitarbeiterbeziehungen und Personalpolitik nachdenkt, muß man bei der Führung anfangen. Mindestens die Hälfte der Probleme ist von der Führung selbst verursacht. Worüber reden wir, wenn wir von Führungsqualität sprechen? Ganz allgemein gehört dazu Intelligenz, Begabung, Ausbildung, Erfahrung und alles, was man unter dem Begriff »Persönlichkeit« zusammenfaßt. Deshalb schaue ich einem Bewerber lieber in die Augen als in dessen Zeugnisse.

Bei der Intelligenz kommt es meines Erachtens mehr auf Lernfähigkeit, Konzentrationsvermögen, Auffassungsgabe, Gedächtnis und Interesse an. Narzißtische Intellektuelle, die alles sezieren und genau analysieren und uns sagen, wie schlimm alles ist, bringen keine Lösungen und keine Taten. Sie tragen in der Regel jedenfalls nicht zu Problemlösungen bei, sondern stellen selbst oft ein Problem dar.

Bei der Ausbildung müssen natürlich alle zusammenwirken: die Schule, der Betrieb, Weiterbildungsinstitute. Und im Zusammenhang mit den Hochschulen taucht die alte Frage auf: »Mehr Theorie oder mehr Praxis?« Ich glaube, daß es wichtiger ist, wenn auch die Hochschulen mithelfen, Vorstellungen und Erwartungen über und für die Praxis zu vermitteln. Wir brauchen mehr Verständnis für unser Wirtschaftssystem und konkretere Kenntnisse über dessen Vorteile und Überlegenheit gegenüber anderen Systemen.

Die jungen Menschen sollten zu einem echten Engagement ermuntert werden. Sie brauchen auch Verständnis für die Wirklichkeit, die immer von Idealvorstellungen abweichen muß. Immer weniger sind bereit, anzuerkennen, daß Leben und Tätigkeit auch immer ein Risiko mit einschließt. Das Abwägen von Kosten und Nutzen, das Gesetz der Verhältnismäßigkeit sind gefragt. Alles Dinge, die jungen Menschen heute zuwenig beigebracht werden. Man braucht sich dann nicht zu wundern, daß sie fernab von der Wirklichkeit gewisse Ideale und Ideologien entwickeln oder ihnen anheimfallen, die dann Enttäuschungen und Frustrationen mit sich bringen.

Es ist eine Tragik im menschlichen Leben, daß Erfahrung leider nur sehr beschränkt übertragbar ist. Fast alles muß selbst erfahren werden. Deshalb, das muß man ganz ehrlich sagen, hat die Übertragung einer allgemein höheren Verantwortung an junge Menschen gewisse Grenzen,

weil einfach die Erfahrung noch fehlt. Das heißt nicht, daß wir nicht auch junge Menschen früh in gewisse Führungspositionen bringen können. Ich bin in dieser Beziehung für die Ergänzungstheorie, wir müssen also ein Führungsteam so zusammensetzen, daß Alter und Jugend, verschiedene Kenntnisse und Erfahrungen und verschiedene Temperamente in einem Team zusammen sind und zusammen wirken können.
Niemand bestreitet heutzutage, daß die Information von Kadern und Mitarbeitern ein wichtiger und notwendiger Bestandteil der Personalpolitik ist. Die Mitarbeiter haben das Bedürfnis, informiert zu werden; Information schafft mehr Sicherheit, Vertrauen und Identifikation mit dem Unternehmen. Auch hier kommt es aber auf die richtige Dosis, den richtigen Inhalt und die Form der Information an. Direkte und mündliche Information sowie verständliche Sprache sind immer besser als komplizierte Texte und Broschüren. In diesem Bereich sollten sich die zuständigen Chefs mehr einsetzen als Personal- und PR-Abteilungen. Information muß auch nach Führungsstufen abgestuft sein. Für Führungskräfte sind überdies Hintergrundinformationen notwendig. Den Mitarbeitern aber sind direkte Informationen über ihren Arbeitsplatz und alles, was sie persönlich betrifft, oft wichtiger als umfangreiche Informationsbroschüren über die abstrakten Taten und Strukturen des Unternehmens.
Generell gilt bei uns die Politik, daß Personalvertretungen begrüßt werden und daß Gewerkschaften in vieler Hinsicht eine vernünftige und notwendige Rolle in industriellen Gesellschaften spielen können. Entscheidend sind jedoch die Einhaltung von Spielregeln, also keine Politisierung im Betrieb, die der Wirtschaftlichkeit, der Effizienz und der Kreativität entgegenstehen. Gute Per-

sonalvertretungen gewährleisten im übrigen nicht nur die Kanalisierung von Wünschen und Problemen der Mitarbeiter, sie können auch zusätzlich zur Übermittlung von Informationen genutzt werden, zur Lösung von Konflikten, und sie sind auch oft eine Quelle von Information über Mängel im eigenen Betrieb, über Mängel bei Führungskräften, welche die Chefs anderweitig gar nicht zu Ohr bekommen würden.
Eine Nivellierung der Einkommen sollte man vermeiden, und dagegen den Leistungslohn stärken. Mehr Flexibilität in den Arbeitszeitregelungen sind von Vorteil, und die Sozialleistungen sollten stärker auf Alter, Krankheit und echte Notfälle konzentriert und weniger nach dem Gießkannenprinzip vergeben werden. Sogenannte Besitzstände sind nicht als unantastbar zu betrachten, und die Lohnpolitik muß sich nach Marktlage und allgemeinen wirtschaftlichen Daten ausrichten und nicht nach dem Gewinn oder der Dividende des Unternehmens. Generell muß in einer Wettbewerbswirtschaft jede Chance zur Erhöhung der Wirtschaftlichkeit wahrgenommen werden, da sonst auf die Dauer alle Mitarbeiter betroffen sind. Aber die Durchführung der notwendigen Maßnahmen sollte in sozialer Verantwortung für die betroffenen Mitarbeiter geschehen.

Image und Unternehmenskultur

Das *Image* eines Unternehmens ist in mehrfacher Hinsicht wichtig geworden: als Basis für die langfristigen Aktivitäten, aber auch um tüchtige Führungskräfte und Mitarbeiter zu bekommen und sie an das Unternehmen zu binden. Zunächst einige Bemerkungen zu einem Imageaspekt, der aus meiner Sicht zuwenig Beachtung findet: Großunternehmen haben hinsichtlich ihrer Imagebildung heute weniger ein Informationsdefizit als vielmehr ein Vertrauensdefizit, das durch die gängigen Methoden der Information offensichtlich nicht voll beseitigt werden kann.

Aus diesem Grunde ist es entscheidend wichtig, daß die tatsächliche Situation des Unternehmens sowie seine Produkte und Verhaltensweisen mit dem übereinstimmen, was über das Unternehmen verbreitet wird. Im Prinzip ist das sehr einfach: Wenn man wirklich das sagt, was Sache ist, gerade bei unangenehmen Dingen, erst dann wird man auch glaubwürdig. Jeder weiß, daß in einem Unternehmen auch einmal Fehler begangen werden.

Da helfen dann keine PR-Mätzchen oder neue schöne Firmensymbole. In solchen Fällen geht es erst einmal darum, das Unternehmen in Ordnung zu bringen. Die PR-Abteilung kann nicht alles herbeizaubern, woran es der Firma fehlt. Bei der heutigen Intensität der Medien funktioniert dieses Verstecken von Problemfällen im Unternehmen sowieso nicht mehr. Man muß statt dessen in die Offensive gehen und die Dinge selbst aufgreifen. Anschließend kann dann ein Konzept für das Corporate Image entworfen werden. Es sollte alles berücksichtigen, angefangen bei den Produkten über den Führungsstil, die Verhaltensweisen, die Personalpolitik bis zur Markenpolitik und Werbung.

Warum so umfassend? Image entsteht zunächst durch Fakten, durch Größenordnung und durch Elemente wie Ertragslage, Marktposition und vor allem durch Produkte und Marken eines Unternehmens. Zweitens besteht, was zuwenig gesehen wird, ein enger Zusammenhang zwischen Image und Unternehmenskultur.

Irgendwie weiß man, was Siemens oder Otto-Versand oder Aldi darstellen, man hat eine Vorstellung von den Leuten und ihrem Verhalten. Je mehr diese Vorstellungen mit der Wirklichkeit übereinstimmen, desto besser; je mehr das Image dagegen in eine Richtung gedreht wird, die den Fakten nicht entspricht, desto kritischer wird es langfristig für das Unternehmen. Image wird natürlich heute mehr und mehr durch den Grad der sozialen und gesellschaftlichen Verantwortung geprägt, also durch das tatsächliche Tun, nicht das Reden darüber. Schließlich hängen Image und Werbung eng zusammen, allerdings in einer Art und Weise, die in vielen Unternehmen nicht gesehen wird.

Wenn eine Firma von ihren Produkten, Präferenzen und Motiven her ein bestimmtes Image hat, dann sollte sie dem auch in der Werbung Rechnung tragen. Denn auch die Werbung muß mit dem Gesamtimage übereinstimmen, sonst verpufft sie zur Hälfte ohne Wirkung, und dies selbst dann, wenn eine an sich kreative Idee kurzfristig dem Produkt zu höheren Verkäufen hilft.

PR-Anzeigen müssen ebenfalls mit den Imagezielsetzungen gründlich abgestimmt werden. Es sollte einmal darüber nachgedacht werden, was im Bereich des Sponsoring auf lange Sicht imagebildend wirkt, sich also rational begründen läßt, und was nur der Pflege der Eitelkeiten oder dem Hobby der Chefs dient.

Es gibt noch einen weiteren wenig beachteten Aspekt. Es wurden schon ungezählte Bücher darüber geschrieben, wie man sich Kunden gegenüber verhält. Aber ich weiß nicht, ob es eines darüber gibt, wie man mit Lieferanten umgeht. Ich habe zu unseren Verantwortlichen in Bereichen wie Werbung, Distribution oder Einkauf immer gesagt: Behandelt eure Lieferanten so, wie wir von unseren Kunden behandelt werden möchten. Hier liegt ein wichtiger Imagefaktor für das Unternehmen verborgen – und überdies kann solches Verhalten zu meßbaren Vorteilen führen.

Damit ist bereits das Thema der unterschiedlichen Zielgruppen angesprochen. Eine Firma kann bei Lieferanten, Kunden, Konsumenten, bei Regierungen, Gewerkschaften und eigenen Mitarbeitern ein sehr unterschiedliches Image haben. Wir alle kennen Unternehmen, die insgesamt ein hervorragendes Image haben, aber an irgendeiner Stelle stimmt es ganz und gar nicht.

Für unsere Schweizer Mitarbeiter war beispielsweise die Babynahrungsgeschichte, in die auch Nestlé involviert war, seinerzeit ein Schock. Sie haben mit heiligem Zorn reagiert. Gerade in guten Firmen mit guten Leuten kann man einen ganz bestimmten Mechanismus beobachten: Die Menschen schließen sich zusammen wie in einer Wagenburg und sagen: Das ist nicht wahr, das darf nicht wahr sein. Menschlich verständlich, aber total falsch. Wir haben bei Nestlé eine nüchterne Bestandsaufnahme gemacht, einen Dialog in Gang gesetzt und das Problem langsam beseitigt.

Dialog statt Rundschreiben

Das Image von Unternehmen kann heute auch durch die Medien sehr stark negativ oder positiv beeinflußt werden. Denn diese wirken nicht nur auf die unterschiedlichen Empfängergruppen im Umfeld des Unternehmens, sondern auch intern. Wenn über mich etwas in der Zeitung steht, wird das von unseren Leuten weit mehr gelesen als Appelle oder Rundschreiben, die ich direkt an die Mitarbeiter adressiere. Ich habe das einmal »Management by Interview« genannt.

Ein Wort zum Thema Public Relations, Public Affairs, Corporate Affairs. Wir haben es lange nicht verstanden, diese heute so wichtige Tätigkeit professionell durchzuführen. Auch wir bei Nestlé haben unsere Erfahrungen gemacht mit der Diskussion über Säuglingsernährung in der Dritten Welt. Ich sehe die Aufgabe der mit den sogenannten Public Affairs betrauten Personen einschließlich Management auf zwei Ebenen: Einmal geht es darum, Öffentlichkeit und interessierte, auch kritische Kreise zu informieren und Verständnis für unsere Tätigkeit und unser Wirken zu schaffen, und zum anderen – und dies ist genauso wichtig – sollten wir uns besser sensibilisieren bezüglich der Reaktion der Öffentlichkeit oder gewisser Gruppen auf ökonomisch und unternehmerisch an sich richtige Entscheidungen.

Hier bedarf es dann oft einer Korrektur oder einer intensiveren Form der Erläuterung. Auch in dieser Hinsicht ist die Unternehmensspitze selbst sehr stark gefordert. Der Delegation dieser Aufgabe sind Grenzen gesetzt. In diesem Zusammenhang sei mir auch der Hinweis gestattet, daß auch die Medien neben ihrer Aufgabe der Kontrolle und Kritik hier eine Verantwortung haben in Richtung verständlicher Darstellung der Sachverhalte und objektiver Berichterstattung. Der Grundsatz sollte gelten: Audiatur et altera pars.

Problematisch wird die Sache dadurch, daß in den Medien oft gar nicht die Tatsachen entscheidend sind, sondern die Meinung über die Tatsachen: Was durch die Medien kreiert wird, ist dadurch gleichsam ein Faktum geworden. Die Medien sollen informieren, wo nötig, kritisieren und zur Meinungsbildung beitragen. Werden diese Funktionen heute im Kampf der Medien um Marktanteile immer wahrgenommen? Erliegt man zu leicht der Versuchung,

die offensichtliche Langeweile durch Sensationalismus zu bekämpfen und dabei auch mal Tatsachen zu verdrehen?
Wir sehen auch Übertreibungen beim investigativen Journalismus in Richtung Schlüssellochschnüffelei. Das sind Gratwanderungen der Massenmedien, aber es sind Tatsachen, mit denen wir zu leben haben. Von den Unternehmen erfordert diese Entwicklung jedenfalls eine andere Haltung, eine Haltung großer Offenheit.
Viele Manager glauben, daß man gerade heute eine Strategie entwickeln muß, mit der man der Intelligenz der Medienvertreter widersteht und sich bedeckt hält, soweit es nur geht. Das ist genau die falsche Strategie. Es kommt sowieso früher oder später heraus, und dann entsteht neues Mißtrauen und verstärkt all die negativen Reaktionen gegenüber Unternehmen.
Ohne Frage wird der persönliche Einsatz der Unternehmensleitung in Sachen Kommunikation damit heute noch wichtiger als früher. Wir brauchen Unternehmensleiter, die mit dieser neuen Art der Kommunikation umgehen können, die dafür eine Begabung haben. Ich meine nicht die letzten ausgefeilten Techniken, aber den Mut und die Gelassenheit, über Unternehmensfragen offen zu reden, intern und nach außen.
Freilich steckt darin ein Problem. Einerseits sind Leute in exponierten Positionen die besten Medien für Botschaften über das Unternehmen, weil über die Personifizierung vieles leichter geht. Auf der anderen Seite sind wir nur Teil einer Institution. Wir tragen im Unternehmen eine bestimmte Aufgabe nur für eine gewisse Zeit ein Stück weiter. Also müssen wir die Institution mit dem Image verbinden und dürfen nicht zu stark personifizieren. Das Image des Unternehmens muß Bestand haben,

auch wenn der Unternehmensleiter am nächsten Tag aus dem Flugzeug fällt.
Ich glaube aber, das Problem kann zum Teil gelöst werden, wenn derjenige, der eine Firma verkörpert oder an der Spitze steht, so weit im Einklang mit der Institution ist, daß keine Brüche entstehen. Ein multinationaler Konzern mit einem umfangreichen Produktsortiment weist logischerweise eine gewisse Schwäche des Corporate Image auf, weil es beispielsweise in Deutschland nicht nur ein Nestlé-Image gibt, sondern auch ein Maggi-Image oder ein Sarotti-Image, ein Nescafé- oder Herta-Fleischwaren-Image, nicht zu reden vom Dallmayr-Kaffee, der Alete-Kindernahrung oder L'Oréal-Kosmetik.
Das Corporate Image kann bei einer solchen Auffächerung eigentlich nur das umfassen, was diesen Einheiten gemeinsam ist. Darüber hinaus kann vielleicht noch die Geschichte dieses Unternehmens betont werden, weil zentrale Werte wie Qualität und Tradition von Nestlé auch auf die anderen Firmen der Gruppe ausstrahlen.

Pragmatismus als Richtwert

Insoweit kann das Nestlé-Logo mit dem Nest etwas bewirken. Und es können von daher gewisse Grundprinzipien im Stil, im Management, im Pragmatismus dieses Schweizer Unternehmens für alle Gruppenfirmen gemeinsame Richtwerte sein. Dazu zähle ich den Realismus, die Offenheit der Rede, die Vermeidung von Übertreibungen, eine gewisse Bescheidenheit, verbunden mit Geschmack und Stil. Ich zähle dazu leitende Mitarbeiter, die zwischen eigenen egoistischen Karrierezielen und der notwendigen Sachbezogenheit und Firmenorientierung eine vernünftige Balance zu halten wissen.

Es gibt ja auch jene geschulten Managementprofis, die sich wertfrei nach Einkommens- und Karrieregesichtspunkten von einer Firma zur anderen bewegen. Wir dagegen wollen leitende Mitarbeiter, die ihre »power games« und ihre Intrigen zwar nicht völlig unterdrücken – das ist unmöglich –, aber in Grenzen halten und unser Qualitätskonzept, das vom Produkt über die Werbung bis zum Mitarbeiterverhalten reicht, begreifen.
Wir halten wenig davon, alle diese Dinge in Broschüren festzuhalten. Wir wollen sie zusammen jeden Tag erfahren, obwohl unser »Laden« groß geworden ist. So entsteht der erwünschte enge Zusammenhang zwischen Corporate Culture und Corporate Image.
Der nächste Schritt ist die Differenzierung nach Imageprofilen von einzelnen Firmen oder Produkten. Hier gibt es bei uns ständig Fragen und Überlegungen, inwieweit Differenzierungen sinnvoll sind, ohne daß das Gesamtimage von Nestlé darunter leidet. Das gilt auch für die Markenpolitik. Wo wird Nestlé als Marke benutzt? Wo dient es zur Unterstützung? Man kann in gewisser Weise von einer Wertehierarchie sprechen – von solchen Imagewerten, die allen gemeinsam sind, und solchen, die sich differenzieren lassen. Je nach Zielgruppe, an die man sich wendet, wird die Antwort unterschiedlich ausfallen.
Wir wollen in den Ländern, in denen wir tätig sind, nicht Outsider sein, sondern Insider, die sich dort in die Mentalität, in die Konsumgewohnheiten und die Verhaltensweisen integrieren. Wo aber bleibt da das Nestlé-Corporate-Image? Wir versuchen es durch eine internationale Markenpolitik zu erreichen, durch zentrale Schulungen, durch ein internationales Management, das als Netzwerk trotz aller lokalen Anpassungen und Notwendigkeiten den Zusammenhalt sichert. Internationale Konferenzen

und Reisen sind auch ein wichtiges Mittel. Für mich sind das keine nutzlosen Spesenausgaben, sondern eine bedeutsame Investition in den Nestlé-Geist, in die Kommunikation, ins internationale Verstehen.

Zwischen Autorität und Autonomie

Wirtschaftsstruktur und Vielfalt in der Wirtschaft müssen sich nach Wettbewerbsgesichtspunkten und nach betriebswirtschaftlichen Kriterien entwickeln. Bestimmte Dinge können nur große Unternehmen machen, andere nur regionale oder kleine Unternehmen. Wenn man die Prosperität der Konsumenten und der Bürger im Auge hat, sollte man in diese Struktur nicht eingreifen. Das bringt es mit sich, daß ein gewisser Trend zur Konzentration, zu größeren Einheiten vorhanden ist. Die Märkte werden größer, die Technologie erfordert bestimmte Voraussetzungen, ebenso die Economy of scale, die modernen Rationalisierungsmöglichkeiten.
Andererseits haben wir auch in den hochentwickelten Wirtschaften gegenläufige Trends, die Wirtschaft bleibt entgegen allen pessimistischen Voraussagen nach wie vor sehr vielfältig: Wir haben einen größeren Anteil von Dienstleistungen, die automatisch eine andere Struktur bringen, wir haben Zulieferer, wir haben Spezialisten, wir haben Nischen. Es gibt nicht mehr den Konsumenten, auch nicht mehr sechs oder sieben Lifestyles, sondern fast eine Atomisierung, eine Individualisierung des Konsumenten, was wiederum Chancen für viele Angebote eröffnet. Auch die moderne Form der Computerisierung bietet neue Möglichkeiten: Mit Hilfe von Kleincomputern kann heute auch der Kleinere mit modernen Mit-

teln und Methoden an den Markt gehen, sich mechanisieren und kommunizieren. Ein wichtiger Punkt ist schließlich die Öffnung der Grenzen. Sie erlaubt es auch kleineren Unternehmen, über die Grenzen zu springen. Früher war in einem großen Unternehmen ein ganzer Stab, ein großer Aufwand an Know-how erforderlich, um die vielen Barrieren zu überwinden. Je mehr sich die Märkte öffnen, um so mehr Unternehmen können international tätig sein.

Was kann zusätzlich geschehen, um diesen Trend einer Verschiedenheit, an der wir alle interessiert sind, einer Mischung, einer Vielfalt von Formen zu forcieren? Weniger Gesetze, Deregulierung und ähnliche Dinge können natürlich dazu beitragen, daß vernünftige Strukturen erhalten bleiben. Ein Teil des Mittelstandes stirbt ja auch nicht, weil große Unternehmen ihm das Wasser abgraben, sondern weil er mit der modernen Gesetzgebung nicht zurechtkommt und weil er sich keinen Stab von Leuten leisten kann, mit dem er all die Forderungen erfüllen kann, die Gesetzgeber und Staat heute an ihn stellen.

Weniger Regierungsintervention ist ein weiterer ganz wesentlicher Punkt: wenn ich mich auf der Welt umsehe, wieviel da von Regierungen genehmigt werden muß, wieviel Kontakte mit Regierungen man da haben muß. Deutschland ist in der Beziehung noch relativ gut dran, hier braucht man kein Büro in Bonn. In vielen Ländern aber ist ein solches Kontaktbüro eine Überlebensfrage. Ebenso wird die Gestaltung der EG eine große Rolle spielen, auch bezüglich der Vielfalt der Unternehmen. Denn wir haben in Brüssel zwei ganz klare Tendenzen: die mehr latinisch-französische und die mehr angelsächsisch-schweizerische. Die einen glauben daran, daß Harmonisierung stärker über den Wettbewerb erfolgt, über die

bessere Leistung, und daß man sich darauf auch verlassen kann; die anderen glauben, daß man Äpfel und alle anderen Produkte klassifizieren muß und es auch nicht anders geht.
Zu erwähnen wäre hier auch die Frage nach dem nötigen Umfang der Sozialvorsorge, ohne den sozialen Schutz zu vernachlässigen. Oder nehmen wir die Regelung der Umweltprobleme: Wenn wir Umweltprobleme nur über Gesetze oder Verordnungen lösen, wird es auch hier wieder einen Wust von Gesetzen und Interventionen und Vorschriften geben, die es jedem Mittelständler und jedem Selbständigen tendenziell schwerer machen werden, den Dingen zu folgen. Wir sollten also versuchen, möglichst viel durch Anreize im Markt zu lösen, durch Preise, und den Rest dort offenzulassen, wo wirklich Verordnungen oder Gesetze notwendig sind. Ich erinnere an das zur Zeit in Deutschland in der Einrichtung befindliche duale System zwischen den Beteiligten. Wenn es um die Forderung »weniger Gesetze« geht, sind alle spontan, global, pauschal meiner Meinung. Im Detail sieht es aber immer anders aus. Ein Beispiel: In einer Radiosendung wurde kürzlich über Verkehrssicherheit und den Einsatz von Kindersitzen gesprochen. Läßt man die Sache unkontrolliert auf sich wirken, sagt man: »Die haben recht, das muß geregelt werden, denn es sterben soundso viele Kinder bei Verkehrsunfällen, weil es für die Gestaltung von Kindersitzen keine Vorschriften gibt.« Wenn wir aber alle diese Dinge durch den Staat regeln lassen, bedeutet das auch ein Mehr an Gesetzen. Wir müssen uns also sehr wohl überlegen, wo wir dem Verbraucher oder Bürger selber die Verantwortung geben und wo wir Vorschriften machen wollen. Möglichen Purismus müssen wir abwägen gegen das Gesetz der Verhältnismäßigkeit, denn das

sind alles Dinge, die am Schluß auch darüber bestimmen, wieviel Selbständigkeit in dieser Wirtschaft, in diesem Land möglich ist.

Dienstleistungen ausgliedern

Daß wir Kooperationen erleichtern müssen – da ist zum Teil auch die Kartellgesetzgebung gefragt, die zunächst einmal streng dagegen ist –, daß wir neue genossenschaftliche Formen finden müssen, neue Partnerschaften, daß wir alle diese Dinge ermutigen müssen, um im Rahmen eines größeren Verbundes Teilselbständigkeiten zu erhalten, die sonst nicht möglich wären, gehört auch hierher. In diesem Zusammenhang gilt es wieder den Handel erwähnen, wo Selbständigkiet erhalten werden kann, wenn dem Handel erlaubt wird, Kooperationen einzugehen, freiwillige Ketten zu bilden. Mit Franchise-Systemen sind selbständige Elemente erhaltbar, die gegen andere Formen konkurrenzfähig sind.

Was aber können Großbetriebe machen, um mehr Selbständigkeit zu fördern, sei es innerhalb der Unternehmen oder sei es außerhalb der Großbetriebe zur Förderung von kleineren selbständigen Betrieben? Die Großbetriebe können eine ganze Reihe von Beiträgen leisten, indem sie Dinge ausgliedern, die nicht zur eigentlichen Aufgabe der Großbetriebe gehören. Da haben wir alle gesündigt, und es wird immer noch gesündigt. Alle Dienstleistungen, die nicht zum Großbetrieb gehören – ob es Marktforschung ist oder Werbung, der Fuhrpark oder das Betriebsrestaurant, Handwerksarbeiten, Reparaturen oder die Finanzdienstleistungen, die »Hausbank«, Architekten oder Wäschereien –, können ausgegliedert und am Markt gekauft werden. Das ist marktwirtschaftlich richtig, weil die Dinge in den Wettbewerb kommen, und es ist auch deshalb richtig, weil dadurch eine Vielfalt von Möglichkeiten für selbständige Unternehmer geschaffen wird. Gleichzeitig hat es den Vorteil, daß die Unternehmensleitungen sich nicht mit Fragen befassen müssen, die mit ihrem eigenen Geschäft nichts zu tun haben. Ich nenne dies auch eine Variabilisierung der Fixkosten, was auch betriebswirtschaftlich einen Sinn hat, weil die Unternehmen nicht mit Fixkostenstrukturen belastet werden. Hier sehe ich also Möglichkeiten, daß große Betriebe direkt einen Beitrag leisten können zur Entstehung von mehr Selbständigkeit außerhalb der Unternehmen.

Auch bei Nestlé ist ein Grund für den Erfolg sicher darin zu suchen, daß wir sehr dezentralisiert arbeiten. Wir haben jetzt noch mehr Stabsarbeiten in die Linie gegeben, wir haben die »Business Units« noch stärker mit anderen Funktionen integriert, damit sie selbständig handeln können. Und wir haben Centers of Excellence, die nicht unbedingt in Vevey am Genfer See sitzen müssen, sondern irgendwo auf der Welt sein können, wo die Leute mehr davon verstehen. Daß wir mit weniger hierarchischen Stufen auskommen, mit breiteren Kontrollspannen und ähnlichem, ist inzwischen in den meisten Betrieben etabliert. Es gibt viele Mitarbeiter, die man mobilisieren kann – und zwar nicht nur Führungskräfte mit den verschiedensten Konzepten. Eines davon nennen wir »Management Commitment and Employee Involvement«. Damit wollen wir einen neuen Führungsstil forcieren und ein innovativeres, besseres Klima schaffen.

Wenn wir über Dezentralisierung sprechen oder darüber, was auf einer höheren Ebene gemacht werden soll und was nicht, dann sagen wir: Im Zweifelsfall nach unten.

Da muß einer schon sehr viel beweisen, wenn er behauptet, daß etwas billiger und besser von irgendwelchen Leuten oben gemacht wird. Hier gibt es auch noch eine andere Sicht: In York in England, wo wir vor einiger Zeit Rowntree gekauft haben, haben unsere Mitarbeiter etwas in Gang gesetzt, was sie »team-working« nennen. In einem bestimmten Bereich – nicht überall – läßt man dort die Leute die Organisation der Arbeit selber machen, nicht im Sinne der bekannten »assembly line« in der Automobilindustrie, sondern wesentlich pragmatischer. Auf meine Frage, was dabei herauskommt, wurde mir gesagt, sie haben zwar praktisch die gleichen Arbeitskosten – es ist also eine Illusion, daß man dadurch etwas spart –, aber sie haben eine größere Zufriedenheit und Motivation der Mitarbeiter, weil diese selbst mehr entscheiden können, sie haben wesentlich weniger Ausschuß und eine höhere Qualität.
Ich möchte nicht sentimental werden und auch warnen vor der Idylle, die damit in manchen Beschreibungen zum Teil verbunden ist. Self-Management gibt es nur zu einem ganz kleinen Teil. Aber es gibt graduelle Schritte in diese Richtung, die im Interesse des Unternehmens sind und mehr »satisfaction« für die Leute bringen, die mehr schaffen können bei mehr Selbständigkeit und Arbeitsfreude.
Hier geht es um die unterste Führungsschicht, die wir bei all diesen Problemen eigentlich immer zu wenig betreuen. Oben werden diese Fragen intellektuell verstanden, die Leute aber, die gerade aus der untersten Führungsschicht rekrutiert wurden, sind noch am wenigsten für Führungsaufgaben vorbereitet. Dabei werden gerade diese Kader in der Praxis und vor Ort als »Mr. Nestlé« verstanden. Sie repräsentieren das Unternehmen draußen.

Klar ist: Um mehr Selbständigkeit zu erreichen, brauchen wir generell weniger Regeln, weniger Administration. Ich erinnere mich noch: Als ich nach Vevey gekommen bin, gab es Abteilungen, die die Länge der Lineale vorgeschrieben haben. Natürlich ist das alles begründet, aber wir müssen einfach in Kauf nehmen, daß wir das nicht mehr machen und alle diese »Begründungen« vom Tisch wischen. Lieber wähle ich die Führungskraft besser aus.
Auch in der Frage der Balance zwischen Kontrolle und Vertrauen werden oft Fehler gemacht. Ich glaube, daß man den Leuten etwas mehr Vertrauen geben kann, als dies traditionell der Fall ist. Lieber nehme ich in Kauf, in hundert Fällen zweimal betrogen zu werden, als auf den Vorteil zu verzichten, den ich aus mehr Vertrauen erhalte.
Neue Selbständigkeiten außerhalb der Betriebe können auch entstehen im Rahmen neuer Möglichkeiten, die sich durch Heimarbeit und durch die Arbeit am Computer zu Hause ergeben. Große Möglichkeiten, Leute zu mobilisieren, gibt es ferner in der Verselbständigung von Vertreterberufen oder in der Verselbständigung von nachgeordneten Betrieben.
Was die Möglichkeiten der Tarifpartner, also auch der Gewerkschaften, zur Entwicklung einer Kultur der Selbständigkeit angeht, möchte ich mich zurückhalten, weil ich davon nicht genug verstehe. Ganz generell ist aber sicher auch eine Wandlung der Politik der Gewerkschaften notwendig. Hier geht es auch um weniger starre Tarifverträge, um mehr Flexibilität, mehr Betriebsbezogenheit, eine größere Anpassung an verschiedene Situationen. All das sind Dinge, denen die Gewerkschaften nur

zögernd folgen können. Dafür habe ich sogar ein gewisses Verständnis, denn als Gewerkschaft muß ich zunächst natürlich auch global denken: Ich muß allgemeine Richtlinien haben und verliere einen Teil der Kontrolle und der Übersicht, wenn die Individualisierung zu weit getrieben wird. Daß im übrigen mit der Arbeitszeitverkürzung auch ein ungeheures Potential aufgebaut zu werden scheint für Selbstbetätigung, für mehr Selbständigkeit mit mehr Zeit auch in der »Schattenwirtschaft«, ist vielleicht nicht im Sinne des Erfinders. Über die Arbeitszeitverkürzung wird hier aber ein breites Potential möglich – ein Aspekt, den ich bisher noch nicht gesehen hatte.

Welchen Einfluß Mitbestimmung, Betriebsverfassungsgesetz und ähnliche Dinge auf die Selbständigkeit haben können, wage ich nicht schlüssig zu beantworten. Sicherlich aber liegen in dem Gefühl, mitwirken zu können und auch etwas zu sagen zu haben, auch über Gremien, sehr viel positive Momente. Ich selbst bin zwar kein Freund der deutschen Mitbestimmung, das Thema Mitsprache, Mitwirkung und ähnliches aber kann sicher auch mobilisieren, kann ein zusätzliches Moment darstellen, neben den betrieblichen Maßnahmen, die in diese Richtung gehen können.

Natürlich sind Großbetrieben gewisse Grenzen gesetzt. Viele Leute kommen zu uns, weil sie ein relativ geordnetes, sicheres Berufsleben haben möchten, bei dem sie das, was sie gelernt haben, vernünftig und professionell anwenden können. In diesem Zusammenhang ist oft auch weniger der Wunsch nach Selbständigkeit vorhanden als der nach der Optimierung des Privatlebens am Feierabend, im Urlaub und während der Wochenenden. Das wäre also Privatheit statt Selbständigkeit, Hedonismus statt Verantwortung. Wir werden immer verschiedene

Menschen haben, die verschiedene Dinge gern haben oder nicht gern haben. Und irgendwo werden sich die Dinge immer zwischen Herdentrieb und Freiheitsdrang einspielen.
Zur Förderung der Kultur der Selbständigkeit ist Erziehung, Schulung, Wandlung von Mentalitäten, Veränderung von Bewußtsein nötig. Hier müssen alle zusammenwirken – Elternhaus, Schule, auch die Wirtschaft mit ihren Seminaren und Weiterbildungsprogrammen –, damit dieses Angebot an Selbständigkeit, innerbetrieblich und außerbetrieblich, auch mehr angenommen wird, damit es mehr Leute nutzen wollen, mit den damit verbundenen gesellschaftspolitischen und wirtschaftspolitischen Vorteilen.
Selbständigkeit sollte man dabei nicht verwechseln mit einem exzessiven Pluralismus oder nur mit dem Abbau von Autorität. Führung und Selbständigkeit, das ist ein Thema, mit dem wir uns noch stärker auseinandersetzen müssen. Sicher ist Führung heute schwieriger geworden, erstens weil – Gott sei Dank – Autorität nicht mehr automatisch anerkannt wird, zweitens weil weniger Grundkonsens in der Gesellschaft vorhanden ist und der Pluralismus zum Teil in Polarisierung ausartet. Hier gilt es, neue Formen der Führung zu finden, die akzeptiert werden und nicht nur durchgesetzt werden müssen. Die Möglichkeiten sind vorhanden, in diesem Spannungsverhältnis zwischen Selbständigkeit, Delegation, Dezentralisierung, partizipativem Führungsstil und akzeptierter Führung neue Gleichgewichte zu finden, die trotzdem Führung beinhalten. Denn wenn wir im Wettbewerb Erfolg haben wollen, beim Ringen um die besten Lösungen, ist auch ein gewisser Kampfgeist notwendig. Die wichtigste soziale Aufgabe aber ist, mit anständigen Leistungen an

den Markt zu kommen, die im Wettbewerb bestehen können. Alles andere muß flankierend da sein. Ich bin also für ethische und soziale Verantwortung, aber ich bin gegen ethisches und soziales Gesäusel.

Ethik und Wirtschaft

Man könnte provozierend sagen, daß die Marktwirtschaft, gemessen an den Ergebnissen für den Menschen, an sich ethisch ist und der Unternehmer, der systemkonform sein Bestes gibt und tut, eo ipso auch moralisch und ethisch im objektiven Sinne handelt. Danach wäre also alles falsch und unmoralisch, was dieses System beeinträchtigt, weil seine segensreichen Wirkungen dann geringer werden, und es gilt auch der Satz: Ein bißchen schwanger gibt es nicht.

Die wichtigste moralisch-ethische Verantwortung eines Unternehmers besteht also darin, daß er für dieses System eintritt, von dem er überzeugt ist, daß es das beste ist. Und das ist ein wichtiger Punkt: Die Unternehmer können sich heute nicht mehr in ihr Kämmerlein zurückziehen nach dem berühmten Gedicht von Goethe: »Selig, wer sich vor der Welt ohne Haß verschließt.«

Es ist also falsch, dem Pferd Fesseln anzulegen, nur noch Fotosafaris zu machen, anstatt das Wild zu erlegen und Gesellschafts- und Sozialpolitik zu treiben, ehe man einen Gewinn gemacht hat, ja sogar unabhängig vom Gewinn. Es gibt dafür Beispiele von staatseigenen Betrieben in einigen Ländern mit absoluter Arbeitsplatzerhaltung, aktiver Sozial- und Lohnpolitik, die dann Verluste machen, die letztlich über den Steuerzahler finanziert werden müssen. Und zwar in doppelter Hinsicht, weil nicht nur die Verluste übernommen werden müssen, sondern auch die Steuern fehlen, die gewinnbringende Betriebe normalerweise bezahlen.

Von Ethik, Moral und Verantwortung kann ich hier für den Bürger also keine Spur finden. Aber die Sozialbilanz des Betriebes sah natürlich sehr gut aus! Und da gilt ganz sicher der Spruch, den ich schon des öfteren zitiert habe, nämlich daß das Gegenteil von »gut« »gut gemeint« ist.

Ich wurde einmal von einem Journalisten gefragt, ob ich eine Moral hätte, und ich antwortete: »Wenn wir über diese Fragen diskutieren, über Wirtschaftsprinzipien, sollte meine Moral zunächst keine Rolle spielen. Sie sollten sich darauf verlassen, daß dieses System, in dem wir leben, die besten Ergebnisse bringt. Denn Sie haben auch bei den Unternehmern das ganze Spektrum der Menschheit, von gut bis böse, und wenn das System nur davon abhängen würde, ob die alle moralisch sind, dann können wir das System begraben. Im System selbst müssen moralisch-ethische Werte enthalten sein, und darüber hinaus habe ich tatsächlich auch eine Moral.«

Die Moral des Marktes

Tatsache ist: Jedes wirtschaftliche System, und sei es noch so gut, hat auch Schwächen, und es wird auch immer Mißbrauch geben, da Menschen am Werk sind. Hier muß man saldieren und darf nicht fundamental vorgehen (eine Tendenz der heutigen Zeit, einige Schwächen herauszugreifen und dann das ganze System zu brandmarken). Es besteht aber kein Zweifel, daß die Ergebnisse eines Wirtschaftssystems für den Menschen durch entsprechend

moralisch-ethisches Verhalten der Unternehmer verbessert werden können.
Grundsätzlich sollte gelten, daß für hohe Führungspositionen nicht nur Fachkompetenz und Führungsfähigkeit gefordert werden, sondern auch ein entsprechend moralisch-ethisches Verantwortungsbewußtsein. Das gilt für Politik, Wirtschaft und andere Institutionen. Ist diese Verbindung nicht vorhanden, so wirkt sich dies sicherlich negativ, ja zum Teil gefährlich auf unsere Gesellschaft aus. Wir kennen die extremen Beispiele Hitler und Stalin, aber wir erinnern uns auch im Wirtschaftsleben an Fehlverhalten, Bankzusammenbrüche, Bestechungsskandale, Mißbrauch von Insiderinformationen.
Deswegen haben generell alle Personen und Stellen, die irgendwie Leute in Verantwortungspositionen wählen oder ernennen müssen – seien es die Bürger, die Parlamentarier, die Verwaltungsräte und Aktionäre, die Beiräte –, die Pflicht, bei Auswahl der Personen auch auf deren Fähigkeit und Bereitschaft zu moralischer Verantwortung zu schauen. Ganz sicher haben auch hier die Medien und die Öffentlichkeit zusätzlich Kritik- und Überwachungsfunktion.
Ich möchte bei dieser Überwachungsfunktion, die wir alle bejahen, trotzdem eine kleine Einschränkung machen. Wir müssen dabei doch etwas vorsichtig sein mit dem Purismus, den wir heute zum Teil hier finden, mit der Heuchelei, die oft dahintersteht, oder mit dem bloßen Trieb, Geschäfte zu machen. Wir kennen die Probleme in den USA bei der Auswahl des Präsidenten mit all den Schnüffeleien. Und heute wird das, was man früher als Schlüssellochjournalist oder Schnüffler bezeichnet hat, mit einem viel vornehmeren Ausdruck bedacht: Das heißt heute »investigative journalism«. Manchmal würde ich

den Leuten gern sagen: »Wer selbst ohne Sünde ist, der werfe den ersten Stein auf ihn oder sie.«

Aber wie gesagt, mit dieser Einschränkung akzeptiere ich diese wichtige Funktion, weil die Öffentlichkeit und die Presse viel bewirken können, diese moralischen Kategorien zu fördern. Aber wir sollten nicht vergessen, daß das Gewinnmotiv das Steuerungselement in einer Marktwirtschaft ist. Ethik kann also nicht generell das Motiv des Egoismus verdammen. Denn auf diesem Egoismus beruht nämlich das Wirtschaftssystem. Das ist ja das, was so viele stört und was immer wieder angegriffen wird. Ich erinnere mich an eine Diskussion, die ich vor vielen Jahren mit einem Soziologieprofessor hatte. Wir haben argumentiert, und ich habe alle diese Gedanken gebracht. Zum Schluß hat er gesagt: »Herr Maucher, ich hab's jetzt begriffen, ich bin aber innerlich trotzdem dagegen.« Das ist wirklich die Tragik mit den Intellektuellen, weil sie diesen Mechanismus einfach nicht begreifen können oder wollen.

Es stellt sich meines Erachtens also die Frage einer vernünftigen Abgrenzung. Wo hört der gesunde Egoismus auf, und wo fängt unethisches Verhalten an? Das sind die Gratwanderungen. Es gibt auch hier keine absoluten und ewig gültigen Kriterien, auch nicht in der sozialen Marktwirtschaft oder sogar der ökologisch orientierten Marktwirtschaft. Heute wird viel über die Versöhnung von Ökonomie und Ökologie diskutiert. Generell ist zu bemerken, daß die Marktwirtschaft nichts Starres ist. Grenzen, Chancen und Schwerpunkte müssen immer wieder definiert werden. Aber dabei muß stets die Frage beantwortet werden, wie weit solche ethischen oder andere Forderungen gehen können, ohne das ganze System zu zerstören.

Wenn die Wahrnehmung ethischer und moralischer Verantwortung nicht mit Kosten verbunden ist, dann sollte sich jeder entsprechend verhalten. Dies betrifft zum Beispiel den Bereich zwischenmenschlicher Beziehungen, wo ohne Kosten viel verbessert werden kann.

Wenn andererseits kurzfristig zusätzliche Kosten entstehen, langfristig jedoch Vorteile, liegt dies auch im Interesse des Unternehmens. Hier versöhnen sich ethisches Handeln mit langfristigen Geschäftsinteressen, und zwar besonders dann, wenn die laufenden Gewinne ein solches Verhalten gestatten. Da gibt es auch viele Beispiele im personalpolitischen Bereich. Wir alle wissen, daß wir längerfristig viel mehr im gleichen Boot sitzen, als die meisten glauben, und wir streiten uns immer um kurzfristige Probleme.

Wenn mit einem gewissen ethischen oder moralischen Verhalten oder mit entsprechenden Entscheidungen lediglich Kosten entstehen (kurz- oder langfristig) ohne zusätzliche Vorteile für das Unternehmen, wird die Entscheidung wesentlich schwieriger. Typisches Beispiel könnten freiwillige Umweltschutzmaßnahmen sein. Und hier müssen wir natürlich unterscheiden: Ich kann mich als Staatsbürger für Umweltschutzmaßnahmen einsetzen, die weit über das hinausgehen, was wir heute in unseren Betrieben haben. Ich kann Gesetze unterstützen, die insgesamt zu einer wirksameren Umwelterhaltung führen unter Verzicht auf andere Dinge (man kann ja nicht alles gleichzeitig machen!). Ich kann als Mitglied eines Berufsverbandes, eines Fachverbandes in einer Branche für ein bestimmtes Verhalten dieser Branche eintreten; daß wir andere Kläranlagen schaffen oder daß wir weniger Emissionen in die Luft bringen. Wenn wir das erreichen in einer Branche, in einem Verband, in einer internationalen Struktur, dann bleiben diese Dinge ja wettbewerbsneutral. Dann nimmt auch das einzelne Unternehmen keinen Schaden, und wir können für solche Maßnahmen eintreten.

Wenn ich mich aber als einzelne Firma für gewisse Verhaltensweisen entscheide mit der Gewißheit, daß meine Konkurrenten nicht mitmachen, dann sieht die Sache anders aus. Ich halte es trotzdem bei großen ertragsstarken Unternehmen für richtig, sich immer an die Spitze des Fortschritts und von verantwortlichen Maßnahmen zu stellen, dies als eine allgemeine Verpflichtung gegenüber der Öffentlichkeit.

Wenn etwas mit zu hohen Kosten verbunden ist, dann kann natürlich die Gefahr bestehen, daß das Unternehmen nicht mehr wettbewerbsfähig und damit zum Untergang verdammt ist, auch mit den Konsequenzen für die Beschäftigten. Dann wird ein vordergründig moralisch-ethisches Verhalten am Schluß unmoralisch, oder aber es entsteht mindestens eine Gewinnschmälerung. Dies betrifft aber den Eigentümer und kann nicht von einem angestellten Manager entschieden werden. Der Eigentümer kann mit einer Gewinnschmälerung einverstanden sein, was in diesem Falle einer zusätzlichen Steuer gleichkommt, oder er ist nicht einverstanden, was ihm niemand übelnehmen kann. Auf jeden Fall hat hier der angestellte Manager eine besondere Verantwortung, denn es ist leicht, anderer Leute Geld auszugeben. Angestellte Manager haben hier oft andere Motivationen als die Eigentümer. Sie werden wegen solcher quasi betriebsfremder Ausgaben oft als gute Manager angesehen, pflegen aber letztlich ihre eigenen Eitelkeiten und Hobbys.

Ich beziehe mich hier auf die ganze Problematik der Spenden, der Sponsorship und der kulturellen Unterstützung.

Wo bestehen allgemeine Verpflichtungen großer Unternehmen und seiner Produkte? Wo dienen derartige Ausgaben dem langfristigen Interesse, Goodwill und Ansehen des Unternehmens? Und wo wird die Sache im Hinblick auf die Zielsetzung des Unternehmens und die Interessen der Aktionäre problematisch? Das sind schwierige Entscheidungsfragen, mit denen wir jeden Tag in den Unternehmen konfrontiert sind.

Wenn wir also in vielen Fällen der Ansicht sind, daß moralisch-ethisches Verhalten in der Unternehmensführung oft sogar im langfristigen Interesse des Unternehmens liegt und der langfristigen Ertragssicherung, der Imagepflege und Erhaltung des Unternehmens dient, dann ist es auch sinnvoll, dieses Verhalten, abgesehen von gesetzgeberischen Maßnahmen, zu fördern, sei es durch freiwillige Kodizes, durch entsprechende Bewußtseinsbildung und öffentliche Kontrolle des Verhaltens. Und hier, in dieser letzten Frage, kommt wiederum den Medien und den Diskussionen in Hochschulen und anderswo eine Bedeutung zu in dem Sinne, daß man das Bewußtsein, die Sensibilität für diese Verantwortung stärkt. Wenn dieses Bewußtsein zum Allgemeingut wird, dann ist auch wieder die Wettbewerbsneutralität hergestellt, und dann kann insgesamt für die Gemeinschaft ein besserer Beitrag geleistet werden.

Es ist schick geworden, die moralischen Pflichten und Verpflichtungen gegenüber dem Aktionär zu vergessen. Hierzu gehören Sicherung seines Eigentums, Sicherung der Rentabilität unter Berücksichtigung des Risikofaktors, saubere Informationen, die den Aktionär oder Eigentümer, sofern er nicht selbst managt, in die Lage versetzen, die ihm zustehenden Entscheidungen besser zu treffen und seine eigenen Investitions- und Anlageent-

scheidungen zu erleichtern. Aber es entstehen auch hier Probleme: Wir haben ja verschiedene Aktionärsinteressen. Wir haben solche, die langfristig an etwas interessiert sind, und solche, die kurzfristige Gewinnmotive haben. Manche wollen mehr Ausschüttung oder mehr Gewinnthesaurierung je nach steuerlicher Situation und laufendem Geldbedarf. Die Kurspflege spielt eine Rolle, Bedingungen für Kapitalemissionen, Nachweis von mehrheitlich schweizerischem Eigentum durch registrierte Namensaktien unter Inkaufnahme von geringerer Marktfähigkeit des Papiers und geringerem Kurswert. Schon diese Fälle zeigen, daß es nicht immer einfach ist, das richtige moralisch-ethische Verhalten zu formulieren und allen Interessen zu dienen.
Sozial verantwortliches Verhalten gegenüber dem Personal sowie Förderung und Schulung dienen in der Regel auch dem langfristigen Interesse der Beschäftigten. Konflikte entstehen in der Regel nur in den kurzfristigen Ansprüchen oder wenn sie mit Rationalisierungsmaßnahmen, Entlassungen oder Fabrikschließungen verbunden sind. Diese sind, das wissen wir alle, gesamtwirtschaftlich notwendig, weil nur so in den letzten hundert oder zweihundert Jahren Wohlstand und mehr Produktivität entstanden sind. Aber damit müssen großzügige flankierende soziale Maßnahmen, Sozialpläne, Versetzungen, Umschulungen, rechtzeitige Information und Fixierung und zeitlich vernünftige Perioden verbunden sein. Diese Verantwortung müssen wir übernehmen.
Es ist aber auch hier manchmal schwierig, zu wissen, was richtig ist. Soll man zum Beispiel den jungen Mitarbeitern Chancen geben oder ältere Mitarbeiter schützen; soll man hohe Lohndifferenzen mit entsprechenden Leistungsanreizen zwischen einzelnen Gruppen schaffen oder eine

weitgehende Nivellierung anstreben – Solidarität, Gerechtigkeit, Leistung? Priorität von Alterssicherung und Krankheit oder laufende höhere Lohnauszahlung, verbunden mit mehr Risiken für den Arbeitnehmer; ist eine fürsorgliche patriarchalische Betriebsführung richtig oder nicht; ist eine strenge Unternehmenskultur, von der heute soviel gesprochen wird, die heute so gelobt wird – sicher mit Recht – und die ein gewisses Verhalten vorschreibt, richtig, oder ist es richtig, ein völlig pluralistisches, liberalistisches Verhalten zu akzeptieren?
Fragen des Konsumentenschutzes, der Qualitätspolitik, Art der Werbung, wie weit gilt allein die Entscheidung des Konsumenten? Zigarettenkonsum, Alkohol bis zu Diskussionen über den angeblich gesellschaftlich richtigen Konsum, den einige Leute anscheinend kennen, der aber oft nicht dem entspricht, was die Konsumenten wirklich wollen. Denken wir an die Kontroverse über den vernünftigen Gebrauch und die richtige Vermarktung von Säuglingsmilch, die an sich notwendig ist. Dazu gibt es keine einfachen Lösungen, insbesondere in der Dritten Welt, ein Thema, über das man im Hinblick auf moralisch-ethische Verantwortung lange diskutieren kann.
Ein großer Kunde meinte einmal: »Mein Gott, was soll ich denn machen? Ausbeutung des Konsumenten geht nicht wegen Wettbewerb, Ausbeutung des Personals geht nicht wegen der Gewerkschaft, also bleibt mir nichts übrig, als die Lieferanten auszubeuten.« Kurzfristiges brutales Vorgehen ist nicht immer zum langfristigen Vorteil der Firma. Mehr partnerschaftliches, langfristiges und anständiges Verhalten, auch gegenüber unseren Partnern, den Werbeagenturen, den Banken, den Lieferanten, den Commodity-Lieferanten, zahlt sich oft auch für die Firma langfristig aus.

Da liegt eben oft der Wert von langfristigen Beziehungen. Die werden manchmal von den nachgeordneten Stellen nicht so gut oder nicht so richtig gesehen, da sie kurzfristig optische Erfolge zeigen wollen. Hier liegt eine Aufgabe für die Unternehmensführung, einen gewissen Ausgleich zu schaffen. Moralisch-ethisches Verhalten bei Akquisitionen ist ebenfalls ein Thema, das in diesem Zusammenhang erwähnt werden muß, fragwürdige Take-over-Praktiken, fragwürdige Finanzierungspraktiken, »hostile take-overs«.

Informationsehrlichkeit nach innen und nach außen ist wichtig. Die Informationsfülle oder die Informationstransparenz ist natürlich in einem marktwirtschaftlichen Unternehmen da einzuschränken, wo der Wettbewerber dabei zu schlau gemacht wird, weil ich mir unter Umständen einen strategischen Nachteil einhandle. Wir stehen also immer zwischen diesen beiden Gesichtspunkten: den Anforderungen der Öffentlichkeit und unseren eigenen Interessen in bezug auf Vertraulichkeit. Weiter erwähne ich die Themen Bestechung, Nepotismus; wie weit Anpassung eines multinationalen Unternehmens an lokale Mentalitäten oder Durchsetzung allgemeiner Prinzipien möglich oder gar notwendig sind.

Was aber ist eigentlich Ethik und Moral? Kommen wir damit aus, was das Volk unter anständigem, moralischem und ethischem Verhalten versteht? Kann Ethik rein utilitaristisch erklärt werden, oder gibt es darüber hinaus eine absolute, theologisch überhöhte Ethik? Ich traue mir nicht zu, diese Fragen schlüssig zu beantworten, möchte aber zwei Beispiele anführen:

»Jedes Wesen«, heißt es bei Epiktet, »ist so geschaffen, daß es um seiner selbst willen alles tut. Zeus hat die Natur des Vernunftwesens so eingerichtet, daß keines seiner ihm eigentümlicher Güter teilhaftig werden kann, ohne zugleich auch zum allgemeinen Nutzen beizutragen. Auf diese Weise wird die Rücksicht auf das Wohl des Menschen nicht verletzt, wenn man auch alles um seiner selbst willen tut.«

Es gibt moderne Verhaltensforscher und Humanethologen, die alle ethischen und moralischen Verhaltensweisen auf entsprechende Fortpflanzungs- oder Überlebensstrategien einer bestimmten Tierart oder auch der Menschen zurückführen. So sagt der berühmte Verhaltensforscher Eibl-Eibesfeld, daß die altruistischen Triebe der Menschen und ihre fürsorgerischen Verhaltensweisen nur auf den Brutpflegetrieb zurückzuführen sind, der zur Erhaltung der Art notwendig ist.

In diesem Zusammenhang noch ein Wort zu dem vermeintlichen Widerspruch von Humanität und Effizienz und der Betonung der Toleranz: Je langfristiger wir denken, desto mehr Möglichkeiten gibt es, Humanität und Effizienz auf einen Nenner zu bringen.

Wir haben in unserem Zentrum in Vevey ein Trainingsseminar, in dem Menschen von Japan bis Argentinien zusammenkommen. Ich stelle immer wieder mit Freude fest, daß da mehr Verständnis entsteht, mehr Toleranz, mehr Verstehen von anderen Kulturen und daß insofern die »Multis« einen guten Beitrag leisten zu mehr Toleranz und zu mehr Verständnis der verschiedensten Menschen auf der Welt.

Da stellt sich auch immer wieder die Frage, ob sich dieser Geist in schriftlich niedergelegten Unternehmensgrundsätzen oder Leitbildern einfangen läßt. Wir haben es bisher nicht getan und zwar aus zwei Gründen. Zunächst einmal ähneln sich solche Konzepte bis zur Auswechselbarkeit und verlieren damit an firmenbezogener Relevanz.

»Edel sei der Mensch, hilfreich und gut«, wurde lange vor Unternehmensleitbildern niedergeschrieben. Wenn aber im Gegenteil die Grundsätze zu spezifisch formuliert sind, entsprechen sie nicht mehr der Diversität von Produkten, Ländern und Kulturen. Auf jeden Fall halte ich es für wichtig, daß die Unternehmenskultur gelebt wird, daß es Vorbilder gibt, daß man ab und zu auch etwas sagt, damit diese Kultur entsteht, damit Grundsätze entstehen und die Leute wissen, was zum Beispiel nicht geht.
Nicht umsonst habe ich als eine der wichtigsten Führungsgrundsätze die Glaubwürdigkeit genannt. Man muß sich am nächsten Tag fragen lassen können nach dem, was man am Tag vorher gesagt hat. Wieweit solche Dinge von draußen kontrolliert werden sollen, ist eine andere Frage. Ich finde, der Markt soll kontrollieren, die Gesetze, der Verbraucher. Darüber hinaus bin ich weniger an einer moralischen Instanz interessiert.
Im übrigen fällt mir zum Thema Ethik ein japanischer Spruch ein, den ich kürzlich gelesen habe: »Liebe deine Feinde, aber laufe etwas schneller als sie!«

Zwischen Moral und Profit

Ethik in der Wirtschaft ist jedenfalls ein offensichtlich unerschöpfliches Thema, das mehr und mehr ins Zentrum einer breiten und keinesfalls willkommenen Diskussion gerät. Interessanterweise bestehen in vielen Kreisen ganz offensichtlich Zweifel daran, ob es sich bei dem Begriffspaar Moral und Profit nicht um eine unüberwindliche Antinomie handle, um einen unauflösbaren Widerspruch. Ich stelle fest, daß diese Zweifel genau in dem Moment laut werden, da das Scheitern sozialistischer Ideologie und

Praxis deutlich wird. Versucht man, angesichts der offensichtlichen faktischen Überlegenheit des kapitalistischen Systems und des Zusammenbruchs der Kommandowirtschaften, nun mit ethisch-moralischen Vorbehalten das System auszuhebeln? Oder stellt sich, nach vielen Jahren wachsenden Wohlstandes, nun einfach im Rahmen der allgemeinen Anspruchsinflation auch die Frage nach der ethischen Dimension wirtschaftlichen Handelns?
Einige Thesen, die meinen Standpunkt umreißen.

- Für den Bürger und den Verbraucher bringt Marktwirtschaft, in Verbindung mit einer Wettbewerbsordnung und einer sozialpolitischen Komponente, unbestreitbar die größeren Vorteile, zumal wenn Freiheit und Wohlstand in der Wertskala hoch angesiedelt werden. Ein marktwirtschaftliches System ist auch strukturell und wegen seiner Leistungsfähigkeit besser geeignet, ein solches Netz für die Schwachen und Benachteiligten zu schaffen.
- Marktwirtschaft ist die logische Ergänzung zur Demokratie und zum Subsidiaritätsprinzip auf wirtschaftlichem Gebiet, da sie durch Kontrolle und Dezentralisierung zu einer optimalen Machtverteilung führt.
- Trotz aller Schmähungen hat noch niemand einen Steuerungsmechanismus gefunden, der gleichzeitig so effizient und für das Gemeinwohl so nützlich ist wie das gewinnorientierte Wirtschaften.
- Ein Unternehmen bezieht seine Legitimation aus dem Angebot von Produkten, die dank Qualität, Service, Vielfalt und Preis im Wettbewerb bestehen können und mit dem erzielten Gewinn eine Verzinsung des eingesetzten Kapitals sowie den langfristigen Bestand des Unternehmens und seine Entwicklung erlauben.

- Der Vergleich mit anderen Systemen schneidet zugunsten der Marktwirtschaft ab, solange sie an der Praxis und nicht an unrealisierbaren Utopien gemessen wird.
- Diese Feststellung ist so augenscheinlich, daß heute ehemals zentralgelenkte sozialistische Systeme versuchen, marktwirtschaftliche Elemente einzubauen oder gar das System als solches en bloc zu übernehmen.

Ich ziehe daraus den Schluß, das dieses System, gemessen an seiner Wirkung für den Menschen, an sich ethisch ist und daß der Unternehmer, der sich systemkonform verhält, im objektiven Sinne ein ethisches und moralisches Verhalten an den Tag legt. Aus diesem Grunde lehne ich die erwähnte Antimonie ab; aus diesem Grunde frage ich mich auch hin und wieder, ob sich hinter der Suche nach der sogenannten ethischen Dimension nicht der leise Wunsch nach der Bestätigung alter Vorurteile und eher emotional begründeter Zweifel verbirgt.

Kein System ist vollkommen

Steht also alles zum besten in der besten aller Welten? Sicher nicht. Der Mensch kann in jeder Hinsicht Fehler machen, und kein System ist so vollkommen, daß es keinerlei Möglichkeiten zum Mißbrauch bietet. Nun läßt sich gerade von der Marktwirtschaft behaupten, daß ihr Funktionieren eben nicht von einem wie immer definierten altruistisch-moralischen Verhalten jedes einzelnen Mitspielers abhängt. Sie ist von dieser offenkundig unerfüllbaren Vorbedingung befreit und darum so erfolgreich.
Das Gewinnmotiv als Steuerungselement der Marktwirt-

schaft läßt sich nicht wegwünschen, und jeder Versuch, es über Normen, Gesetzgebung, Kodizes einzugrenzen, macht den Markt ein klein wenig ineffizienter. Aber die Marktwirtschaft ist auch ein offenes System, das auf Kritik reagieren kann und korrekturfähig ist. Es ist dann eine Frage des Maßes, wie weit der Eingriff gehen kann, ohne in zentralen Bereichen die Funktionsfähigkeit des Systems zu stören. Ich bin zum Beispiel als Bürger, aber auch in meinem langfristigen Interesse als Unternehmer immer ein Befürworter einer klaren und vernünftig gehandhabten Kartellgesetzgebung gewesen.

Selbstverständlich lassen sich auch kaum Argumente gegen gesetzliche Maßnahmen zum Schutz sozial schwächerer Gruppen, der Umwelt, des Verbrauchers und so weiter finden, solange sie den Marktmechanismus nicht tiefgreifend stören oder einen bestimmten Teilnehmer am Wettbewerb durch die Schaffung künstlicher Privilegien einseitig fördern. Auch hier sind Politiker und Bürger aufgerufen, maßzuhalten und nicht jedes unbedeutende und temporäre Ungleichgewicht sofort mit schwerer Reglementierungsartillerie zu bekämpfen. Ich stelle auch fest, daß sehr viele Verbesserungen innerhalb einzelner Industriezweige oder im gesamten wirtschaftlichen Bereich sich aufgrund des Wettbewerbs einstellen, auch ohne akuten gesetzgeberischen Druck. Dies bedingt von allen Seiten eine gewisse Urteilsfähigkeit.

Es gibt auch auf diesem Gebiet keine absoluten und ewig gültigen Kriterien, und es ist gerade die Wandlungsfähigkeit des Systems, die uns dazu zwingt, die Forderungen und Probleme ständig neu zu überdenken. Ich weiß, daß diese Haltung dem heutigen Trend entgegensteht: Angesichts des wahren Betroffenheitsmasochismus, der uns aus den Leserbriefen selbst angesehener Zeitungen ent-

gegenjault, wundere ich mich manchmal, wo Verstand und Perspektive geblieben sind. In dieses Kapitel gehört wohl auch das »Subito«-Syndrom. Ich meine damit die Auffassung, daß jedes Problem sofort und unter Vernachlässigung sämtlicher Konsequenzen gelöst werden muß, sobald es von dieser oder jener Gruppe einmal erkannt worden ist.
Es läßt sich sicher viel mit der Ungeduld der Jugend erklären. Aber wer Verantwortung trägt, tut gut daran, sich um eine langfristige Betrachtungsweise zu bemühen.

Akzeptanz notwendig

Ein ethisch-moralisches Verhalten der Unternehmensführung scheint mir schließlich auch geboten, weil es im breiten Spektrum die Akzeptanz für das System sicherstellt. Die Demokratie unterwirft jede getroffene Ordnung einem ständigen Legitimierungsdruck. Neben den sozialen Maßnahmen, die der Kapitalismus dank seiner Fähigkeit zur Schöpfung von Reichtum zu finanzieren vermag, trägt auch ein ethisch korrektes Verhalten dazu bei, die moralische Kritik an der Marktwirtschaft zu dämpfen und zu verhindern, daß sich systemfeindliche Mehrheiten bilden. Ich nenne eine solche Kritik moralistisch, führt sie doch oft zu grotesk übersteigerten Forderungen an eine von Menschen geschaffene Ordnung mit ihren Eigenheiten und Schwächen und zu einer Verdammung des Ganzen, weil es nicht auf jedem Gebiet und zu jeder Zeit allen Ansprüchen genügen kann.
Mit Churchill sage ich: Die Marktwirtschaft ist das schlechteste der Systeme mit Ausnahme aller anderen. Und vor einem hastigen Urteil ist man wohl nicht schlecht

beraten, einen Blick auf die möglichen Alternativen zu werfen. So sollten all die Kritiker, die wegen der Splitter im Auge der Marktwirtschaft den Balken im Auge jeder Befehlswirtschaft nicht sehen, einmal folgendes bedenken: Im letzten Entwicklungsbericht der Weltbank sind 120 Länder nach Pro-Kopf-Einkommen aufgelistet, an der Spitze die Schweiz, als Schlußlicht Äthiopien.

Bei weit über der Hälfte der Staaten, die oberhalb des Mittelwertes rangieren, handelt es sich um Demokratien. Kapitalismus als Wirtschaftsform scheint über kurz oder lang zur Demokratie zu führen, ebenso wie die Befehlswirtschaft unweigerlich in einem totalitären System endet. Es sind eben das Fehlen von demokratischer Kontrolle, die Zentralisierung der Entscheidungsbefugnis mit den entsprechenden Auswirkungen auf Verantwortungsbewußtsein und Einsatzwillen des einzelnen, die in den totalitären Systemen zu politischem Machtmißbrauch und zum wirtschaftlichen Rückgang führen.

Die Entwicklung in Osteuropa und der politische und wirtschaftliche Zusammenbruch der Sowjetunion zeigen, daß marktwirtschaftliche Elemente in letzter Konsequenz auch die verkrusteten politischen Strukturen aufbrechen. Die Kritik am Markt sollte auch diesem Hintergrund Rechnung tragen, und ich sehe es als eine Aufgabe jedes Unternehmers an, sich als Bürger für den demokratischen Kapitalismus einzusetzen.

Sozialverhalten gegenüber Mitarbeitern

Ohne die einzelnen Grundsätze gleich abschließend werten zu wollen, möchte ich einige Prinzipien, die bei Nestlé Geltung haben, auf ihren ethischen Gehalt abklopfen.

Wir sind auf Menschen und Produkte ausgerichtet, nicht

auf Systeme. Das entspricht sicher unserem langfristigen Geschäftsinteresse; das hat aber auch Auswirkungen auf eine ganze Reihe von Menschen, die an unserem Unternehmen besonders interessiert sind, und zwar als Eigentümer, als Mitarbeiter, als Konsumenten, als Gemeinschaft. Für die Eigentümer steht sicher die langfristige Sicherheit ihres eingesetzten Kapitals und seine angemessene Verzinsung, also der Unternehmenserfolg, im Mittelpunkt.

Ich kann mir schwerlich vorstellen, daß ein Unternehmen in unserer Branche sich erfolgreich behaupten kann, wenn es an den stark divergierenden, sozial und ethisch unterschiedlichen Bedürfnissen vorbeiproduziert, noch kann es ohne die richtigen Leute am richtigen Ort auskommen. Zu den legitimen Ansprüchen des Eigners gehört auch eine klare Information, die es ihm erlaubt, die ihm zustehenden Entscheidungen mit Sachkunde zu treffen beziehungsweise einen Entschluß über Kauf oder Verkauf seines Anteiles zu fassen. Wenn wir unsere Verantwortung gegenüber unseren mehr als 100 000 Eignern wahrnehmen wollen, dürfen wir auch nicht vergessen, daß sie oft durchaus abweichende Interessen vertreten.

Unsere Mitarbeiter, es sind rund 200 000 rund um die Welt, treten mit klaren Ansprüchen an. Nun steht außer Frage, daß ein sozial verantwortliches Verhalten gegenüber dem Personal, seine Förderung und das Angebot von Weiterbildungsmöglichkeiten im Interesse beider Seiten liegen.

Verantwortung gegenüber dem Konsumenten

Unsere Konsumenten, und mehr noch ihre oft selbsternannten »Schützer«, stellen bisweilen widersprüchliche

Forderungen. Soll ein Unternehmen dem Wunsch nach offensichtlich gesundheitsschädlichen, aber sozial durchaus akzeptierten Produkten (Alkohol, Zigaretten) nachkommen, zumal wenn die Nachfrage ohne Zweifel vorhanden ist? Wie weit darf die Werbung gehen in ihrer Suche nach einprägsamen Bildern und Parolen? Wer bestimmt, was hinsichtlich der Sicherheit eines Produktes vertretbar ist, und ist es statthaft, nicht auch den unsinnigsten Mißbrauch eines Produktes in der Gebrauchsanleitung zu schildern? Ich denke hier an die Anekdote von der Dame, die ihre nasse Katze im Mikrowellenherd trocknete, angesichts des letalen Ausganges den Hersteller verklagte – und den Prozeß auch gewann.

Wo liegt der ethisch richtige »trade-off« zwischen Qualität und dem Preis, der notgedrungen dafür entrichtet werden muß? Wie verhalte ich mich schließlich, wenn mir eine Gruppe oder eine Partei vorschreiben will, was gesellschaftlich richtiger Konsum in einem Land der Dritten Welt sein soll? Ich weiß zwar aus meiner Erfahrung, aus Kontakten mit Ärzten und aus den Verkaufszahlen, daß die betreffenden Konsumenten die Meinung ihrer selbsternannten »Anwälte« in keiner Art und Weise teilen, doch bin ich mir bewußt, daß tatsächlich Mißbräuche vorkommen können – mit tragischen Folgen für die betroffenen Menschen.

Verhalten gegenüber der Öffentlichkeit

Wo liegt meine Verantwortung als Leiter eines großen Unternehmens, wenn mir die dringenden Aufrufe durchaus wohlmeinender Organisationen und Personen unter-

breitet werden, das gesamte Wissen, die Produktionskapazität und die Technologie des Unternehmens in den Dienst einer Kampagne gegen den Hunger zu stellen?
Die Gemeinschaft schließlich will von uns Steuern. Bin ich berechtigt, diese durch eine vernünftige juristische Struktur des Unternehmens so gering wie möglich zu halten und damit die finanzielle Situation der Gesellschaft zu verbessern, im Interesse der Eigner, der Mitarbeiter, der Konsumenten? Wie weit sollen wir gehen, wenn unser Engagement in humanitären, kulturellen und akademischen Gremien gefordert ist? Finanziell, aber auch mit dem Zeitaufwand von Mitarbeitern? Wie weit können wir unser Wissen in unserem Sachgebiet in politischen Gremien einbringen, ohne Gefahr zu laufen, als Lobbyisten in eigener Sache angegriffen zu werden?
Wie sollen wir uns verhalten, wenn eine geplante Übernahme, die industriell und strategisch im Interesse beider Partner liegt, in der Öffentlichkeit von Dritten mit nationalstaatlich-chauvinistischen Untertönen bekämpft wird?
Wie steht es mit der Informationspflicht, die nun wirklich nicht dazu führen sollte, daß sich ein Unternehmen im Wettbewerb gewichtige Nachteile einhandelt? Habe ich das Recht, in anderen Kulturkreisen Prinzipien durchzusetzen, die uns hier geboten erscheinen, die aber anderswo als im Widerspruch zu traditionellen Verpflichtungen stehend empfunden werden, zum Beispiel bei der Förderung von Angehörigen der eigenen Familie? Wo verläuft die Grenze zwischen einer erwünschten Anpassung an lokale Mentalitäten und einer Selbstaufgabe des Unternehmens in bezug auf sein Selbstverständnis?

Fragen über Fragen. Ihre Beantwortung kann in jedem Einzelfall anders ausfallen, ohne daß nun gleich ein Urteil nach moralisch-ethischen Kritierien gefällt werden kann.

Wir haben bereits gesehen, daß langfristig die Interessenkongruenz viel stärker ist, als dies aus der Froschperspektive oft erscheint. Eine langfristig ausgerichtete Unternehmenspolitik erleichtert es auch unseren Mitarbeitern zum Beispiel, gegenüber den Geschäftspartnern, den Werbeagenturen, den Banken und den Lieferanten ein Verhalten zu zeigen, das sowohl ethischen Überlegungen als auch den Interessen des Unternehmens entspricht. Der fehlende Druck, kurzfristig optische Erfolge aufweisen zu müssen, verhindert, daß Marktmacht massiv ausgespielt und damit der Partner brutal unter Druck gesetzt wird.

Ähnliche Überlegungen stehen hinter der Tatsache, daß sich unser Unternehmen immer für die Rohstoffabkommen eingesetzt hat. Nicht nur können sie dazu beitragen, daß wir Kaffee und Kakao in den gewünschten Qualitäten und zu einem in gewissen Bandbreiten schwankenden Preis auch kaufen können und uns so die Produktion und Preisberechnung erleichtern. Sie helfen auch den Produzentenländern bei der Beschaffung der notwendigen Devisen für ihre Entwicklung, tragen zur Existenzsicherung der lokalen Bauern und zur Verhinderung der Landflucht bei und vermindern schließlich die Beiträge, die aus der industrialisierten Welt in Form von Entwicklungshilfe geleistet werden müssen. Die Summierung dieser Vorteile scheint derart offensichtlich, daß man dem Konsumenten getrost einen etwas höheren

Preis zumuten kann. Es sieht leider im Moment so aus, daß auf beiden Seiten kurzfristige Interessengegensätze einem Verhandlungsfortschritt im Wege stehen.

In der Wirtschaft gibt es nicht mehr, allerdings auch nicht weniger Verstöße gegen ethisch-moralische Prinzipien als in jedem anderen Bereich menschlicher Tätigkeit. Ich glaube daher auch nicht, daß sich die Wirtschaft einer besonders tiefschürfenden Gewissenserforschung zu unterziehen hat. Noch scheint es mir geboten, aus Rücksicht auf keineswegs immer so absolute und für alle Ewigkeit gültige moralische Prinzipien jene fundamentalen Triebkräfte zu hemmen, die das System in Gang halten.

Wenn wir nämlich die insgesamt unbestreitbar positiven Auswirkungen auf das Ganze sehen, dann muß man sich fragen, ob es denn wirklich der Weisheit letzter Schluß sei, dem wilden Tier endgültig die Zähne zu ziehen und den Tiger zum Vegetarier zu machen. Die Frage nach der Motivation scheint mir berechtigt: Weshalb hat der Egoismus einen so schlechten Ruf? Entspringt die Kritik an ihm einem christlichen Duldungsbegriff oder dem Altruismusgebot, oder zeigt sich hier eine andere fast ebenso starke Triebkraft, der Neid nämlich, der sich oft als Egalitarismus tarnt?

Die Wirtschaft hat keinerlei Grund, die Ethikdiskussion als irrelevant zu verweigern. Es gibt keinen Zweifel, daß der demokratische Kapitalismus, wie jedes andere von Menschen ausgestaltete System, verbesserungsfähig ist. Wie das Beispiel Unternehmenspolitik der Nestlé-Gruppe zeigt, fördert diese in ihrer Anlage ein Verhalten, das ethischen Kritieren genügt und das gleichzeitig im langfristigen Interesse des Unternehmens liegt. Daß in jeder Situation die optimale Lösung gefunden wird, daß die

Güterabwägung immer mit der nötigen Gründlichkeit und Sachkenntnis durchgeführt wird, möchte ich bezweifeln.
Hingegen bin ich überzeugt, daß eine solche Politik dem Verantwortungsträger den nötigen Spielraum gibt, um auch die ethischen Dimensionen seines Handelns in seine Überlegungen einzubeziehen. Mit sorgfältiger Auswahl, Ausbildung und Förderung wird er darauf vorbereitet, die schwierige Gratwanderung der Entscheidungsfindung zwischen divergierenden und oft sehr unklaren Interessen anzutreten.

Die notwendige soziale Komponente der Marktwirtschaft

Braucht die Marktwirtschaft eine soziale Komponente, oder anders gefragt, ist der Markt als Steuerelement wirtschaftlicher Betätigung »per se« ethisch vertretbar und in seinen Auswirkungen für die gesamte Wirtschaft und alle daran Beteiligten effizient? Man wird es dem notwendigerweise pragmatischen Unternehmer nicht verargen, wenn er aus persönlicher Warte ein paar Thesen dazu aufstellt. Wenn die Regelung wirtschaftlichen Tuns mehr bewirken soll als eine sozial gerechte – was immer das auch heißen mag – Verteilung der Armut, dann wird niemand um die Feststellung herumkommen, daß Marktwirtschaft, Kapitalismus von der Effizienz her anderen Systemen eindeutig überlegen ist. Wie anders läßt sich der in der Menschheit schlummernde Wille zur Verbesserung der materiellen Lebensumstände verwirklichen? Wie anders ließen sich die abertausend Interessenskonflikte, die täglich auftreten, lösen, wenn nicht durch dezentrale Entscheidungen auf der Grundlage individueller Präferenzen?

Die Entwicklung Japans nach der Meiji-Restauration 1868 scheint mir bezeichnend. Obwohl die geistesgeschichtlichen und kulturellen Voraussetzungen für eine tiefgreifende Verankerung des Gedankengutes von Adam Smith weitgehend fehlten, scheinen sich die Verantwortlichen ganz einfach an der in Großbritannien damals – und hoffentlich heute – vorherrschenden Idee der Marktwirtschaft orientiert zu haben. Das Resultat – wirtschaftlich, politisch und kulturell – läßt sich im Maßstab 1:1 untersuchen und wird im Vergleich mit anderen Systemen und Utopien gut abschneiden.

Selbst wenn wirtschaftliches Tun auf die einschränkende Zweckbestimmung »Wohlstand für alle« beschränkt wird, die differenzierenden Elemente wie Leistungsförderung durch Wettbewerb, Motivation, Selbstverwirklichung ausgeschaltet werden, schneidet Marktwirtschaft unvergleichlich besser ab als alle kollektivistischen oder Selbstverwaltungsmodelle. Allein schon diese Fähigkeit, Wohlstand zu schaffen, zu vermehren, genügt in meinen Augen, um die Marktwirtschaft zu legitimieren.

Ein weiteres Element scheint mir als Staatsbürger wichtig: Ich möchte nicht in einem Lande leben, das meine Mitbürger und mich in meiner Freiheit einschränkt. Ein Teil dieser Freiheit – und keineswegs der unwichtigste – beruht eben auf dem selbstbestimmten Austausch von Gütern und Leistungen. Wo dieses Element der wirtschaftlichen Selbstbestimmung fehlt, gibt es weder Wohlstand noch Freiheit. Zugestanden, wir alle kennen Systeme, die ihren Bürgern schwerwiegende Eingriffe in ihre politischen Freiheitsrechte zumuten, ohne sie in ihrer wirtschaftlichen Tätigkeit zu behindern.

Und niemand, der die Folgen staatlicher Gängelung in Politik und Wirtschaft erlebt hat, wird sich wundern, daß Einsatzwillen, Ideenreichtum und persönliches Verantwortungsbewußtsein innerhalb kürzester Zeit von Korruption, Drückebergerei und hemmungsloser Ausnutzung jeglicher Machtposition abgelöst werden. Der Staat, dem keine institutionellen Grenzen gesetzt sind, hat die naturgegebene Tendenz, tiefer und tiefer in alle Bereiche der Gesellschaft einzugreifen. Wo er aus Einsicht oder Notwendigkeit wirtschaftlichen Freiraum gewährt, bringt eben die Marktwirtschaft eine Dynamik zum Tragen, die den Machtbereich des Staates zurückdrängt.

Sozialistische Utopie

»Alle Demokratien sind kapitalistisch, keine Demokratie ist sozialistisch; es gibt viele kapitalistische Gesellschaften, die nicht demokratisch sind«, stellt Peter Berger in seinem lesenswerten Werk »The capitalist Revolution« lakonisch fest. Wie könnte es auch anders sein: Der moderne sozialistische Staat verfügt über sämtliche machterhaltenden Mittel, seine Verwaltung läßt sich nicht in parlamentarische Kontrollen und Abgrenzungen einbinden; die Befehlswirtschaft – ein Wort, das mir viel geeigneter scheint als der verharmlosende Begriff Planwirtschaft – endet notwendigerweise in der Einschränkung der Freiheitsrechte. Daß sich die Bevölkerung dies nicht auf Ewigkeit gefallen läßt, haben wir in den letzten Jahren gesehen.
»Sie (die Behörden) tun, als ob sie uns bezahlten, also tun wir, als ob wir arbeiteten«, lautete ein geflügeltes Wort in den Oststaaten. Die ungenügende Leistungsfähigkeit der

befehlswirtschaftlichen Länder liegt auf der Hand; es gelang ihnen ganz offensichtlich nur mit größter Mühe, die grundlegenden Bedürfnisse der Bevölkerung zu dekken. Gesundheitsdienste, Wohnungsbau, ja selbst die Versorgung mit Nahrungsmitteln entsprechen, wie wir nach dem Zusammenbruch sehen, in keiner Weise dem Standard westlicher Industriestaaten, und was die Hausfrau bei uns in jedem Supermarkt mühelos findet, gehört dort in vielen Fällen zur Kategorie der Luxusgüter, sofern überhaupt erhältlich. Mit Ausnahme der Rüstungsproduktion und der Rohstoffe gab es kaum ein Produkt, das westlichen Ansprüchen genügte.

Interessant scheint mir auch, daß auf dem Weg zur klassenlosen Gesellschaft eine neue Klasse entstand: nämlich die der Verwalter des Sozialismus. Die Eliten dieser Länder nehmen Privilegien in Anspruch, die im Westen nicht vorstellbar sind und die Trotzkis resignierten Ausspruch »Wann immer jemand etwas zu verteilen hat, wird er sich selbst nicht vergessen!« bestätigen. Wie es scheint, hat dieser Spuk nun ein Ende. Doch einen Koloß wie die Sowjetunion von heute auf morgen auf Marktwirtschaft umzupolen, ist mehr als Herkulesarbeit.

Hingegen sei nicht bestritten, daß der sozialistischen Utopie – nicht der Praxis – ein unbestreitbar attraktives Element innewohnt. Ich denke an den Egalitarismus, die Aufhebung der allzu großen Unterschiede in Einkommen und Lebensgestaltung. Im Kapitalismus gehören solche Unterschiede systemimmanent zu den Auswirkungen des Marktes, und ihre Dämpfung oder gar Ausschaltung muß als Verlust eines Signals gewertet werden, welcher das System als Ganzes weniger effizient macht.

Daß aber die »Verelendung der Massen« Marxscher Prägung endgültig deskreditiert ist, dürfte sich inzwischen sogar an den soziologischen Fakultäten herumgesprochen haben. Wie steht es um die Einkommensunterschiede, die in der politischen Diskussion interessanterweise sehr rasch zu »Ungleichheit«, ja zu »Ungerechtigkeit« werden? Werden sie im marktwirtschaftlichen System ausgeprägter, kommt es gar zur klassenweisen Zementierung?

Am Beispiel Großbritanniens und seiner industriellen Revolution werden oft die »schrecklichen menschlichen Kosten« des Kapitalismus geschildert. Erfreulicherweise läßt sich heute ein etwas genaueres Bild dieser gigantischen Umwälzung gewinnen: Hartwell und A.J. Taylor haben die Sache wieder etwas ins Lot gebracht. Es ist unbestreitbar, daß der Mensch Mühe hat, sich mit derart fundamentalen Umstellungen abzufinden. Daß es sich um begrenzte Zeiträume und breitgestreute Verbesserungen der Lebensumstände handelt, sollte aber nicht verschwiegen werden.

Wenn, wie Jan Tinbergen meint, das Entlöhnungsdifferential zwischen ausgebildeten und ungelernten Arbeitern die wichtigste Ursache für die angesprochenen Unterschiede ist, dann dürfte die Angebot-und-Nachfrage-Situation für Ungelernte der kritische Faktor sein: Eine Verflachung der Einkommensunterschiede wird dann auftreten, wenn die Wirtschaft von arbeitssparenden, kapitalintensiven zu personalintensiven Techniken übergeht.

Dies ist heute sicher in der industrialisierten Welt nicht der Fall: Der rasche technologische Wandel, die Automatisierung und Roboterisierung werden dazu führen, daß die ungelernte Arbeitskraft nur die Wahl zwischen einer besseren Ausbildung und dem Abwandern in weniger anforderungsreiche und entsprechend schlechter bezahlte

Dienstleistungen hat. Das beschriebene Phänomen trifft aber Gesellschaften sozialistischer Prägung genauso, hat also mit technologischem Fortschritt weit mehr zu tun als mit Kapitalismus.

Im Zusammenwirken mit dem demokratischen System hat der Kapitalismus zudem eine Durchlässigkeit der sozialen Schichten geschaffen, indem er sozial oder politisch bedingte Barrieren abbaute. Natürlich zählt Herkunft noch, aber Zugang zu Ausbildungsmöglichkeiten und Leistungswille sind ungleich wichtiger. Im Vergleich zu sozialistischen Systemen, die den Aufsteiger zusätzlich an politischen und ideologischen Kriterien messen, schneidet auch hier der Kapitalismus gut ab. Kaum erstaunlich, schafft doch der wachsende Kuchen ständig neuen Platz am Tisch, ohne daß bereits Arrivierte verdrängt werden müssen. Dagegen bewirkt in praktisch allen Fällen fehlendes Wachstum starre Grenzen zwischen den sozialen Schichten, erstarrte Hierarchien und die Abwesenheit jeglicher Mobilität.

Chancengleichheit, nicht Gleichmacherei

Mir scheint, offengestanden, Chancengleichheit wichtiger als der erstrebte Abbau von Unterschieden. Diese letzteren lassen sich ganz einfach auf unterschiedliche Befähigung, Motivation und Umstände zurückführen. Gefährlich wird die Sache allerdings dann, wenn davon ausgegangen wird, daß auch auf wirtschaftlichem Gebiet die Fähigkeiten gleich verteilt sind. Chancengleichheit (»equality of opportunity«), vom System her erstrebenswert und sicher von jedermann akzeptiert, sollte aber nicht mit Gleichmacherei (»equality of outcome«) verwechselt werden. Ich empfinde die Tendenz, jedem auf den Kopf zu hauen, der über das Mittelmaß hinausragt, als Pervertierung der sozialen Gerechtigkeit.

Niemand wird bestreiten, daß die »destruktive Kreativität« des Marktes Härtefälle schafft. Die an sich begrüßenswerte Befreiung des Individuums aus den diffusen Verpflichtungen der vorkapitalistischen Gesellschaft und seine Einbindungen in vertragliche, frei gewählte Beziehungen war eine der Vorbedingungen für den Durchbruch des kapitalistischen Systems. Sie führte – und führt auch heute – dazu, daß Menschen, die Mühe haben, sich in der Wettbewerbswirtschaft zu behaupten, infolge der Schwächung familiärer, lokaler oder institutioneller Bindungen an den Rand der Gesellschaft gedrängt werden. Diese Menschen in einem sozial akzeptablen Rahmen mitzutragen entspricht einer von mir absolut bejahten ethischen Pflicht und stützt außerdem die Legitimität des Systems.

In der Demokratie muß sich jede getroffene Ordnung – auch die wirtschaftliche – ständig um Akzeptanz bemühen: All die staatlich vorgeschriebenen Maßnahmen zur Zwangsvorsorge bewirken, trotz ihrer manchmal grotesken Ineffizienz, aufs Ganze gesehen eben doch eine gewisse Dämpfung der Pendelausschläge und verhindern ein allzu großes Auseinanderklaffen innerhalb der Gesellschaft.

Dank der unvergleichlichen Fähigkeit des Systems, Reichtum zu produzieren, läßt sich der Preis für diese Konsensbildung entrichten. Das soziale Netz dämpft die moralisch fundierte Kritik am Kapitalismus und verhindert, daß sie systemfeindliche Mehrheiten bilden kann. »The market delivers rough justice. The welfare state takes the roughness out of the justice«, sagt George Will und meint damit wie Friedrich A. von Hayek die Tatsache, daß der Begriff »gerecht« für das Funktionieren des

Marktmechanismus letztlich irrelevant ist. Nicht aber für das Empfinden des Bürgers, der naturgegeben die Tendenz hat, von Familie, Schule, Kirche, Staat und Arbeitgeber »Gerechtigkeit« zu fordern.

Sie zu definieren ist angesichts der Anspruchsinflation – und der Fähigkeit der Marktwirtschaft, diese Ansprüche weitgehend auch zu erfüllen – ein wohl hoffnungsloses Unterfangen. In diesem Sinne ist die Marktwirtschaft ein Opfer ihrer eigenen Erfolge geworden – und wer würde sich darüber nicht freuen? Jenseits vom Bewußtsein um die Wichtigkeit der »reinen Lehre« wissen wir doch, daß die Dinge selten nur schwarz oder weiß sind. Und wer wird sich daran stoßen, daß es heute in den industrialisierten Ländern des Westens gelungen ist, für praktisch jedermann existenzbedrohende Krisenlagen überwindbar zu machen?

Es stimmt allerdings auch, daß der Sozialpolitik und der Einführung ständig neuer Umverteilungsmechanismen systembedingte Grenzen gesetzt sind, die mancherorts bereits überschritten wurden. »Die Gefahr der Erniedrigung des Menschen zum gehorsamen Haustier des Staatsstalles«, vor der Wilhelm Röpke so eindringlich warnte, verbindet sich mit dem Risiko einer ständigen staatlichen Intervention in die Beziehungen zwischen den Sozialpartnern.

Mit der Zementierung unproduktiver und unrentabler Strukturen ist langfristig niemandem gedient, und soziale Härten sind gerade dann nicht zu vermeiden, wenn der Konkursvollstrecker schon vor der Türe steht. Ohne gleich ganz so weit zu gehen, dem sozialen Konsens den Status des vierten Produktionsfaktors zuzuordnen, teile ich die Auffassung, daß breite Akzeptanz für das System lebenswichtig ist.

Ihren Gegnern fällt es heute schwerer als noch vor einigen Jahren, die Marktwirtschaft aufgrund mangelnder Effizienz anzugreifen; ihr Beitrag zur freiheitlichen Ausgestaltung des staatlichen Zusammenlebens wird kaum mehr bestritten. Kritik und Zweifel treffen heute vermehrt auf moralisch-ethische Dimension des Marktes, wobei neben dem egalitären Wunschtraum auch der vermeintliche Mangel an altruistischer Ausstrahlung ins Spiel gebracht wird, um das System in seiner Anziehungskraft zu schwächen.
Das Ringen um den Konsens geht weiter, und die Verunsicherung beim Bürger hält an. Dies, zumal selbst höchste moralische Autoritäten oft ein bemühendes Unverständnis der ethischen Dimension der Marktwirtschaft an den Tag legen. So stimmt mich die moralische Gleichbewertung – und damit Verurteilung – des liberalen Kapitalismus mit dem Kommunismus in der Sozialenzyklika mehr als nachdenklich.
Es bleibt also dabei: Die Marktwirtschaft enthält in sich eine soziale Komponente im weitesten Sinne des Wortes, erlaubt sie doch, weit wirksamer als alle anderen Systeme, die grundlegenden Bedürfnisse des Menschen zu befriedigen, und zwar in einem staatlichen Rahmen, welcher der Eigenverantwortung und der Selbstverwirklichung den größtmöglichen Raum läßt. Eine zusätzliche soziale Komponente ist sicher wünschbar im Sinne einer besonderen Aufmerksamkeit für die schwächeren Mitglieder der Gesellschaft einerseits und im Interesse einer möglichst breiten Akzeptanz des Systems andererseits.
Ein Wort der Warnung allerdings auch: Die Überbetonung der sozialen Komponente, die durch Umverteilung und Nivellierung erkauft werden muß, führt notgedrun-

gen zu staatlicher Gängelung, zu Bürokratie und Freiheitsverlusten, produziert vor allem Kosten und bremst Dynamik und Entwicklung des Systems.

Europa als Chance

Über Probleme in Europa wird viel gesagt und viel geschrieben. Wir wissen, daß wir immer noch weit entfernt sind von einer wirklichen Wirtschaftseinheit, die beispielsweise mit USA und Japan vergleichbar ist. Wir haben kein einheitliches Unternehmens-, Steuer- und Arbeitsrecht. Kartell- und Wettbewerbsbetrachtungen werden immer noch pro Land angestellt, während es doch wohl richtiger wäre, Marktanteile, die kartellrechtlich relevant sind, für ganz Europa zu betrachten.
Die Infrastruktur ist alles andere als optimal. Was wir uns hier an zusätzlichen Transportkosten, grenzüberschreitenden Kosten und ähnlichem leisten, geht in die Milliarden. In Europa selbst sind viele Entscheidungen blokkiert, weil wir nach wie vor keine Mehrheitsbeschlüsse kennen und nicht bereit sind, einem europäischen Parlament entsprechende Kompetenzen zu übertragen. Neben diesen Merkmalen und Daten hat Europa Probleme, die wir mehr oder weniger in allen europäischen Ländern finden und die zusätzlich zu mangelnder Konkurrenzfähigkeit in Europa führen. Ich erinnere hier an die geringere Lebensarbeitszeit, an die wenig flexiblen tariflichen Systeme und Regelungen des Faktors Arbeit, an die außerordentlich hohen Soziallasten, an die viel höhere Staatsquote, an ein wenig innovations- und entwicklungs-

förderndes Steuersystem, an die strukturerhaltende Subventionspolitik und auch an Probleme, die mit der Mentalität zu tun haben.
Ich meine hier eine zu starke Verteilermentalität, die Neidprobleme, falsche, zu weit gehende Gerechtigkeitsforderungen zu Lasten der Leistungsgerechtigkeit und einer notwendigen Dynamik. Eine mangelnde Mobilität, besonders im Hinblick auf die starken technologischen Entwicklungen und die notwendigen Strukturanpassungen. Wir haben auch eine wenig entwickelte Lernbereitschaft, wir haben zuviel Bürokratie und Staatsintervention, und wir haben zuviel Pessimismus bezüglich Wachstum und den Vorteilen einer freien sozialen Marktwirtschaft, obwohl in diesem letzten Punkt sich die Dinge etwas gebessert haben.
Das alles führt per saldo zu verschiedenen wirtschaftlichen Problemen, zu höherer Arbeitslosigkeit und zu einem geringeren »return on investment« für Investoren im Vergleich zu Japan und den USA sowie zu einer mangelnden Konkurrenzfähigkeit gegenüber den genannten Blöcken.
Generell ist auch zu sagen, daß die Aufgaben von Staat und Wirtschaft nicht genügend getrennt sind und zum Teil sogar pervertiert werden, der Staat kümmert sich um Bereiche, die er der Wirtschaft überlassen sollte, während andererseits der Wirtschaft allgemeine soziale und gesellschaftliche Aufgaben aufgebürdet werden. Lasten, die eigentlich durch Steuern aufgebracht werden sollten und vom Staat übernommen werden müßten. Einiges hat sich in Sachen Europa in den letzten Jahren aber gebessert.

Europhorie statt Eurosklerose

Nach Jahren der »Eurosklerose« scheint nun das Zeitalter der »Europhorie« angebrochen. Auch in anderen großen Wirtschaftsregionen sind die Dinge in Bewegung geraten, nicht zuletzt wegen der heute augenscheinlichen Bankrotterklärung der kollektivistischen Systeme und Ideologien. In der Perspektive des Binnenmarktes fällen Industrielle heute Entscheidungen, die das wirtschaftliche Umfeld für Jahrzehnte beeinflussen werden. Sie schaffen vollendete Tatsachen, unabhängig davon, ob der politische Fahrplan für Europa eingehalten werden kann oder nicht.

Das entbindet die Unternehmer nicht von ihrer Verantwortung, ihren Standpunkt im Gespräch mit Politik und Verwaltung zu vertreten: Das Ringen zwischen bürokratisch-protektionistischen und liberal-wettbewerbsorientierten Kräften um das Übergewicht bei der Ausgestaltung des europäischen Hauses ist noch keineswegs ausgestanden.

Für Nestlé, den weltweit größten Nahrungsmittelhersteller mit einem europäischen Umsatzanteil von beinahe 50 Prozent, bringt der Binnenmarkt keine großen strukturellen Probleme. Das Unternehmen ist seit Jahrzehnten in allen Ländern der EG und der EFTA mit Tochtergesellschaften und Produktionsstätten vertreten; eine innereuropäische Zusammenarbeit mit den erwarteten positiven Auswirkungen auf Wohlstand, Wettbewerbsfähigkeit und Abbau von Reibungsverlusten eröffnet ihm natürlich sehr günstige Aussichten.

Wenn ich davon ausgehen, daß sich der Umsatz der Nestlé-Gruppe im Jahr 2000 auf 100 Milliarden Schweizer Franken belaufen wird, dann beziehe ich natürlich ebenfalls die absehbare Entwicklung in den anderen großen Wirtschaftsregionen und auch in den Entwicklungsländern in meine Hochrechnung ein. In Nordamerika setzte Nestlé 1985 ein Zeichen mit der Übernahme von Carnation. Auf einen Schlag wuchs das Unternehmen auf dem größten Einzelmarkt der Welt in Dimensionen hinein, die es ihm erlauben, nun gleichauf mit den Mitbewerbern anzutreten.

Weitere strategisch wichtige Akquisitionen folgten dann in rascher Folge bis in die jüngste Vergangenheit. Kombiniert mit dem inneren Wachstum, dem ich weiterhin klare Priorität einräume, und mit der Dynamik, die sich auf den Mehraufwand beim Marketing, bei der Forschung und bei der Förderung des Managements der Zukunft zurückführen läßt, erscheint eine solche Zielsetzung als durchaus realistisch. Um im globalen Wettbewerb zu bestehen, hat sich Nestlé auch nicht gescheut, im Sektor Finanzierung zukunftsweisende Schritte zu tun. Dazu zählt gewiß die Öffnung des Namenkapitals für Investoren jeglicher Nationalität und die Kotierung der Nestlé-Namensaktien in London, Paris und in Tokio.

»Multis« im vereinten Europa

Die Wirtschaft stellt sich auf ein einheitliches Europa ein und schafft in vieler Hinsicht vollendete Tatsachen. Der Begriff Europa darf nicht allzu eng gefaßt werden, und wir dürfen sicherlich nicht nur an die zwölf Länder denken, die zur Zeit Mitglied der Europäischen Gemeinschaft sind, sondern zumindest deren sechs mehr. Und wenn ich an die sich überstürzenden Entwicklungen in Ländern wie Polen, Ungarn und in der früheren Sowjet-

union denke, dann scheint mir eine allzu kleinräumge Sichtweise vollends falsch. Jetzt wird viel über die zukünftige Zusammenarbeit zwischen EFTA und EG nachgedacht.
Es geht nicht mehr um die Schaffung eines westeuropäischen Binnenmarktes, es geht um die Nutzung der Chancen, die sich Europa weltweit eröffnen. Unser schlechtester Ansatzpunkt wäre ein protektionistischer Zaun um die EG herum. Daher plädiere ich nicht nur für eine enge Kooperation zwischen EG und EFTA, sondern auch für eine Einbettung in weltweite Liberalisierungsbestrebungen. Ich erinnere in diesem Zusammenhang an GATT. Nur dann werden wir die eigentlichen Ziele, die sich Europa gesetzt hat, erreichen, nämlich: Erhöhung der globalen Wettbewerbsfähigkeit sowie mehr Wachstum und mehr Wohlstand in Europa.
Diese grundlegende Debatte über Strategie und Taktik ist noch nicht ausgestanden, und ich möchte hier einmal etwas karikierend die gegnerischen Positionen so schildern: Einer volontaristischen, bürokratischen Grundhaltung, die im Verein mit gewichtigen nationalistischen, protektionistischen Interessen eine Vereinheitlichung der Gesetzgebung und eine Kompetenzdelegation nach Brüssel anvisiert, steht eine liberale, industrielle Bereitschaft gegenüber, so rasch wie möglich die Grenzen für Güter und Dienstleistungen, Kapital und Beschäftigte niederzureißen und den unumgänglichen Anpassungsprozeß getrost dem internen Wettbewerb zu überlassen. Es ist klar, daß mehr Wohlstand, erhöhte Produktivität und Wettbewerbsfähigkeit ausschließlich vom Markt kommen, nicht von der Brüsseler Direktive XYZ. Daß dieser innereuropäische Wettbewerb um einiges härter sein wird als bisher, steht für mich fest.

Damit sei keineswegs bestritten, daß auf zahlreichen Gebieten eine Harmonisierung der Gesetzgebung wünschbar ist. Ich denke hier vor allem an Umweltschutz, an Steuern, an Währungsfragen, an Infrastruktur und an die zahllosen verschiedenen Lebensmittelgesetzgebungen, in denen sich achtenswerte Beweggründe und der klammheimliche Schutz nationaler und regionaler Schrebergärtchen oft die Waage halten.

Keine Erbsenzählerei

Für mich sind folgende Aspekte besonders bedeutsam: Ein europäisches Fusions- und Kartellgesetz ist dringend nötig. Marktwirtschaft ist eine Veranstaltung für den Konsumenten, nicht für den Unternehmer, und in unser aller Interesse liegt es, den Wettbewerb zu sichern. Aber Maßnahmen dieser Art haben nur einen Sinn, wenn sie sich von der Marktanteil-Erbsenzählerei in einzelnen Ländern absetzen und die wirklich relevanten Märkte einbeziehen.

Zur sozialen Dimension: Neben einem gewissen Minimumstandard wird es schwierig sein, eine Einigung über gemeinsame Vereinbarungen zu erreichen. Es wird vielmehr eine längerfristige Anpassung über den Wettbewerb erfolgen. Die von Brüssel vorgeschlagenen Lösungen sind für einzelne Länder nicht akzeptabel, entweder weil sie zu wenig weit oder nicht weit genug gehen entsprechend den bisherigen Traditionen und Gesetzgebungen in einzelnen Ländern.

Große Probleme werden sich schließlich auch mit der Vereinheitlichung der Einwanderungspolitik stellen. Die EG ist aber gezwungen, eine gemeinsame Politik zu betreiben, da die interne Freizügigkeit der Bedingungen gar

keine andere Wahl zuläßt und im übrigen die Beschäftigtensituation von der Einwanderungspolitik abhängt.
Nestlé hat sich im letzten Jahr dem internationalen Kapitalmarkt geöffnet. Namensaktien können jetzt auch von Ausländern gekauft werden. Der Börsenwert ist durch diese Maßnahmen stark angestiegen, ebenso der Anteil der ausländischen Aktionäre, er liegt bei über 50 Prozent.
Das Problem vieler multinationaler Gesellschaften, nämlich das Management stärker zu internationalisieren, ist bei Nestlé längst gelöst. Im Topmanagement sind die Hälfte Nichtschweizer. In der internationalen Zentrale in Vevey sind Mitarbeiter aus mehr als fünfzig Nationen beschäftigt.
Zur Zeit gibt es in Europa rund 200 Nestlé-Fabriken. Hier ist eine gewisse, wenn auch nicht dramatische Restrukturierung der Produktion vorgesehen, um den neuen Möglichkeiten in einem echten Binnenmarkt besser Rechnung zu tragen (economy of scale und Spezialisierung in einzelnen Fabriken). Die Möglichkeiten einer stärkeren Trennung zwischen Produktionsstandort und Absatzgebiet sind auch durch die modernen Möglichkeiten mit Computern verbessert worden. In diesem Zusammenhang werden auch die Betriebe entsprechend den Produktions- und Kostenbedingungen in einzelnen Ländern und Regionen neu überprüft werden.

Keine »Festung Europa«

Unabhängig von allen vorgesehenen Regelungen und Harmonisierungen gibt es ein Phänomen und eine Tatsache, die in sich ein Faktum schafft. Und das ist die Einstellung der Wirtschaft auf das Datum 1. Januar 1993.

Denn unabhängig davon, was in Brüssel oder irgendwo passiert: Wir denken doch alle jeden Tag an dieses Europa, versuchen, unsere Organisation zu ändern, unsere Strategien darauf einzustellen, zu studieren, was wir machen müssen. Und das schafft in sich mehr Europa, unabhängig davon, was am Schluß dann gesetzlich oder regelungsmäßig geschehen wird. Es kommt darauf an, daß wir an der Spitze marschieren und nicht nostalgisch oder traurig hinterherhinken.
Neben politischen Zielen sollte man das Hauptziel nicht aus den Augen verlieren. Denn am Schluß geht es darum in Europa, daß wir mehr Wohlstand schaffen und daß Europa insgesamt im globalen Wettbewerb wettbewerbsfähiger wird. Das ist das, worauf wir uns einrichten müssen. Und das bedeutet mehr Kaufkraft. Und mehr Kaufkraft bedeutet, daß wir in irgendeiner Form mehr Umsatz haben werden. Und nun geht es darum, herauszufinden, welche Konsumententrends sich im Hinblick auf diese zusätzliche künftige Kaufkraft verstärken und verschieben.

Gefahr der Bürokratisierung

Vor allem aber dürfen wir nicht nur an die zwölf Länder der EG denken, sondern auch an die anderen sechs. Wir dürfen keine Gräben entstehen lassen, und wir müssen jeden Tag etwas mehr auch an das denken, was in den Rahmen dieser achtzehn Länder nicht eingeschlossen ist. Die Öffnung in Richtung Osteuropa, die erleben wir zur Zeit ja in dramatischer Form, und unabhängig von allen Ups and Downs und Explosionen und Unsicherheiten sieht es doch so aus, daß sich der Osten langfristig in irgendeiner Weise öffnet. Die Zeit geschlossener Gesellschaften, die man abschirmen kann, ist durch die moderne Kommunikation zu Ende.

Im Hinblick auf den globalen Wettbewerb und die Grundsätze einer liberalen Zusammenarbeit in der Welt ist es wichtig, daß keine »Festung Europa« entsteht, sondern eine Öffnung Europas für den freien Welthandel. Wir müssen uns über die Problematik und die Mechanismen im klaren sein. Der interne Wettbewerb in Europa wird verstärkt, und von daher entstehen automatisch Triebfedern für mehr Produktivität und mehr Wohlstand. Aber wenn wir dann einen Zaun darum errichten, werden wir das Ziel des Bestehens im globalen Wettbewerb nicht erreichen. Wir werden uns kurzfristig schützen, aber wir werden das andere Ziel nicht erreichen, wenn wir uns nicht den globalen, weltweiten Wind um die Ohren blasen lassen. Und aus diesem Grund ist es so wichtig, daß keine protektionistischen Zäune entstehen. Wir wissen doch ganz genau, daß neben all den schönen Sprüchen, die mit leuchtenden Augen für den liberalen Welthandel aufgesagt werden, eine ganze Menge passiert, was so gar nicht dazu paßt. Und deshalb ist es wichtig, daß diese allgemeine Philosophie auch in konkrete Schritte umgesetzt wird.

Wir haben natürlich in diesem Zusammenhang nach wie vor zwei Grundrichtungen. Es gibt doch auch Tendenzen in Brüssel und in einigen Ländern – aus ihrer ganzen Tradition heraus –, die in stärkerem Maße für administrative, bürokratische Regelungen sind und die in dieser Richtung Europa gestalten wollen. Wer dafür sorgen will, daß Anpassungsprozesse durch den Wettbewerb entstehen und nicht durch administrative Regelungen, denkt sicher wirtschaftlicher und praktischer. Das alles natürlich im Rahmen einiger Grundelemente der Koordinierung und der Gemeinsamkeiten.

Wir kennen die wichtigen Aufgaben, die gemeinsam angepackt werden müssen, etwa die Maßnahmen zur Verbesserung von Transport und Infrastruktur. Wir wissen, daß wir etwa 35 Milliarden DM zum Fenster hinauswerfen, nur weil wir hier nicht richtig miteinander arbeiten oder keine richtigen Verkehrswege haben. Die Lastwagen von Norden nach Süden haben bei uns eine Durchschnittsgeschwindigkeit von 20 km/h, manche zählen nur 10 km/h. In einem »normalen« Wirtschaftsraum fahren Lastwagen mindestens 60 km/h. Das macht Kosten. Im Flugverkehr haben wir über vierzig verschiedene Systeme, die sich koordinieren müssen, und deswegen haben wir diesen Ärger, daß wir auf Flugplätzen warten, während die Flugzeuge in der Luft sind und Benzin verbrauchen. Dies sind Dinge, die eher gelöst werden müssen als die Harmonisierung des Vertriebs von Äpfeln.

Es besteht kein Zweifel, daß wir nicht mehr so denken können wie bisher. Die relevanten Märkte sind heute anders zu definieren. Das fällt offensichtlich besonders den Deutschen und den Juristen schwer. Im übrigen glaube ich nicht, daß die Umsatzgröße ein wichtiges Kriterium ist, um die Kompetenzen der europäischen Kartellbehörde von denen der nationalen Kartellbehörden abzugrenzen. Es gibt kleine Märkte, die global sind, die aber zumindest europäisch, wenn nicht weltweit gesehen werden müßten. Und es gibt Massenprodukte, die enorme Umsätze in einem Land erzielen, ohne daß die relevanten Märkte vielleicht europäisch oder weltweit sind. Wir werden nicht umhinkönnen, die relevanten Märkte von Fall zu Fall zu definieren, wenn wir hier marktwirtschaftlich richtig vorgehen wollen.

Ein weiterer Punkt, der in der europäischen Diskussion oft zu kurz kommt, ist der qualitative Aspekt. Ich glaube, daß Europa hier im globalen, weltweiten Wettbewerb eine ganz besondere Chance hat. Europa hat Traditionen und Kultur, hat Qualität, hat Erziehung, hat viele Momente, die es geradezu prädestinieren, im weltweiten Wettbewerb eine ganz besondere Rolle zu spielen. Und das ist natürlich eine wichtige Chance für den Markenartikel.

Der Markenartikel ist angetreten unter dem Gesichtspunkt von Qualität. Und Qualität ist hier in einem umfassenden Sinne zu verstehen, nicht nur Produktqualität, sondern auch Qualität der Mitarbeiter, der Forschung, des Service. Qualität ist ein umfassender Begriff. Wenn er in den Unternehmen fest verankert ist, wird sich die Markenqualität, die Produktqualität auf Dauer bewähren können.

»Soziale Dimension« bringt Probleme

Was die soziale Dimension anlangt, so gehen wir schwierigen Zeiten entgegen. Wir haben ja ganz unterschiedliche Traditionen, Einstellungen, Gesetzgebungen und Regelungen in den einzelnen Ländern, was Mitbestimmung und Sozialstatus angeht. Die Brüsseler haben sich da bisher hervorragend geschlagen, indem sie politisch eine Lösung gefunden haben, Optionen und einen Minimumkatalog anbieten.

Für die Kommission ist das Problem damit zunächst gelöst. Aber faktisch gesehen wird es erst über schmerzliche Anpassungsprozesse zur Harmonisierung kommen. Wo wir *über* den »mittleren Optionen« liegen, wie meinetwegen in Deutschland, werden wir nicht auf diese mittlere Lösung hinuntergehen können. Die Gewerkschaften werden sofort auf den Barrikaden sein. Und man darf

doch nicht glauben, daß die Engländer sich irgendwann auf diese mittlere Lösung einstimmen lassen. Was wird also geschehen? Die Dinge werden sich schmerzhaft über den Wettbewerb, über Standortverteilung, einspielen.
Ein weiterer schwieriger Punkt ist die Einwanderungspolitik. Die ganze Frage der Beschäftigtenpolitik, der Arbeitslosen, kann davon abhängen, ob sich Europa zu einer gemeinsamen Einwanderungspolitik durchringen kann und wie die aussehen wird. Es warten doch 100 Millionen Menschen auf Einlaß, Kräfte, die wir brauchen, andere, die wir nicht brauchen. Da gibt es allgemeine soziale Grundsätze, liberale Auffassungen, auf der anderen Seite harte Interessen. Auf jeden Fall werden wir, wenn das Problem nicht gelöst wird, in absehbarer Zeit erhebliche Schwierigkeiten haben.
Im Zusammenhang mit der Europäisierung und Internationalisierung bestehen aber nicht nur Chancen für die Großen. Das gilt nicht aus vordergründig politischen Motiven, nur weil es so schön klingt: Ich glaube in der Tat, daß die mittelständischen Firmen gute Aussichten haben. Denn wir – die Großen – konnten die Grenzen immer schon überspringen: Wir haben das nötige Know-how, wir haben den Stab, wir haben die Verbindungen, und wir haben das immer schon gemacht. Viele Leute jedoch sind davor zurückgeschreckt, weil das so kompliziert ist mit der Sprache, mit den Gesetzen, mit dem Warenverkehr. Für sie ergeben sich mit der Öffnung der Grenzen bei weltweiter Kommunikation bisher ungenutzte Chancen, international tätig zu werden. Davon bin ich fest überzeugt.

Für die Markenartikelindustrie ändert sich natürlich auch die Produktionsstruktur, wenn sie international tätig ist. Auch bei uns, die wir im Prinzip in allen Ländern tätig sind, ergeben sich Veränderungen. Denn wenn die Grenzen freier werden, können wir die Produktionsstruktur nochmals anders organisieren. Wir brauchen vermutlich weniger Betriebsstätten. Wir können mehr in einer Fabrik spezialisieren und von dort den ganzen europäischen Raum beliefern.

Wir können die Economy of scale in einer ganz neuen Weise ausrichten und ausschöpfen. Wir haben heute über die moderne Kommunikationstechnologie und den Computer natürlich auch ganz andere Möglichkeiten, den Absatz in Narvik mit einer Produktionsstätte in Süditalien abzustimmen; das geht in einer Sekunde. Und von daher gibt es neue Möglichkeiten einer internationalen Abstimmung, Koordinierung und Ausrichtung der Produktion.

Was der beste oder der schlechteste Standort ist, das ist ein herrliches Thema für jegliche Form von Polemik. Churchill hat schon gesagt, man kann sich nur auf die Statistiken verlassen, die man selbst gefälscht hat. Es ist eben nicht nur der Lohn, es sind die Sozialkosten, es ist die Qualität, es sind Mentalitäten, es ist die Arbeitszeit, es ist die Nähe zum Konsumenten, die Nähe zum Rohstoff – es sind viele Faktoren, die hier eine Rolle spielen. Aber wer das gut macht, wer das entschlossen analysiert und daraus Konsequenzen zieht, der hat dann Vorteile.

Auch die Arbeitnehmer müssen klar überlegen, welche Politik sie in der Zukunft verfolgen, denn das Kapital ist flexibel. Wir können – mittelfristig mindestens – Produktionsstandorte verschieben, wenn wir es für richtig halten und wenn die Grenzen frei sind. Ein Arbeitnehmer kann nicht so leicht an einen anderen Ort gehen. Und von daher machen *wir* uns Sorgen wegen der hohen Lohn- und Sozialkosten, die sich eigentlich die Gewerkschaften machen sollten, denn sie sind ja unmittelbar betroffen. Gewerkschaftsführer, die denken können und vernünftig sind, wissen das. Hier den richtigen Weg zu finden ist nicht einfach, und deswegen haben wir die Pflicht, diese Dinge beim Namen zu nennen und dafür zu sorgen, daß durch eine Politik der »Nichtübertreibung« für die Arbeitnehmer Standorte in der Zukunft besser gesichert werden.

Der Süden ist zur Zeit dabei, den Norden etwas abzuräumen. So wie die Germanen vor 2000 oder 1500 Jahren den Süden eroberten, so erobert der Süden jetzt wieder den Norden. Da sind Leute, die hart arbeiten. Die Südländer sind kreativ, sie sind dynamisch, sie wollen etwas tun, sie sind unternehmerisch, sie gehen Risiken ein, während wir im Norden uns narzißtisch mit uns selbst befassen.

Das, was Tacitus vor 2000 Jahren beschrieben hat, daß nämlich die Germanen faul auf der Bärenhaut liegen, ist jetzt nach 2000 Jahren tatsächlich eingetroffen. Deshalb hat Nestlé in den letzten Jahren im Süden ganz gewaltig investiert – von der Türkei bis nach Portugal.

Gleichwohl meine ich aber nach wie vor, daß es falsch ist, Deutschland hintanzustellen. Aus dem Gesamtpaket von Qualität, Vernunft, Intelligenz, Erziehung, Professionalität – und irgendwo doch auch immer wieder die Möglichkeit, daß die Sozialpartner miteinander reden und Lösungen finden – wird insgesamt Deutschland nach wie vor eine gute Chance haben. Das ist meine Beurteilung – nicht als Deutscher, sondern als Beobachter der internationalen Markenlandschaft.

Im übrigen ergibt sich eine neue Chance für kleine Länder. In dem Maß, wie ein kleines Land abgeschirmt war, mußte es die Produktion und alles Weitere nach den Konsumenten ausrichten, die es in diesem Land gibt. Deshalb haben wir Fabrikstandorte zum Beispiel weniger nach Österreich gelegt, weil eben die Zahl der Konsumenten dort begrenzt war. In dem Ausmaß, in dem der Markt zwischen Österreich und Deutschland geöffnet wird, bin ich völlig frei, nach den Kosten oder anderen Gesichtspunkten in Österreich eine Fabrik zu errichten, die dann den Raum bis zum Main beliefert. Wenn wir beispielsweise früher aus solchen Gründen eine Schokoladenfabrik in Belgien schlossen, kann ich jetzt sagen, Belgien ist der richtige Standort, um Norddeutschland zu beliefern.

Management wird internationaler

Es gibt dann das Problem der Rationalisierungsmaßnahmen, die über Standortfragen hinausgehen. Der harte Wettbewerb wird uns stärker als bisher dazu zwingen, daß wir rationalisieren in Strukturen, in Hierarchieebenen, in Kontrollspannen, in der Bürokratie und ähnlichen Dingen. Für die Markenartikelindustrie kommt ein besonderer Aspekt hinzu: Bei uns entfällt ja ein großer Teil unserer Kosten auf die Verpackung. Und die Verpackung organisiert sich zur Zeit europäisch. Was wir früher unserem Einkäufer überlassen haben, das hat jetzt eine völlig andere Dimension. Wir müssen heute international verhandeln, und nicht nur, um irgendwo einen 2 Prozent besseren Preis zu erzielen.
Neben all diesen Fragen ist sicher eine Sache das Wichtigste: das Management. Es muß in einem europäischen Markt internationaler werden. Es geht nicht nur um

einen anderen Paß. Die Mentalität, die Erfahrung, die Einstellung, die Kultur müssen internationaler werden. Das heißt noch lange nicht, daß man seine eigene Identität aufgibt, daß man nicht bleibt, was man ist.
Aber man muß seine eigene Identität, seine eigene Persönlichkeit mit einer neuen Erfahrung, einer neuen Dimension anreichern. Das gilt insbesondere für die jüngeren Leute. Sie werden automatisch in diesen neuen Raum mit mehr Sprachen, mehr Kommunikation hineinwachsen. Sie bleiben Deutsche, sie bleiben Franzosen, aber sie haben die neue europäische Dimension erfaßt, genau wie sie den Computer verstanden haben.
In Zeiten von Veränderungen gibt es immer auch neue Chancen und – neue Bedrohungen. Es gibt Leute, die sagen, daß nur ein Drittel der Unternehmen überleben, nicht die großen, sondern die tüchtigen. Auf jeden Fall werden wir eine stärkere Polarisierung erleben. Jeder muß sehen, wo am Schluß sein Geschäft ist, ob er eine Nische bearbeitet, eine Region, eine Spezialität oder ob er ein globaler Mitspieler sein wird, in einer Form, für die andere Größenordnungen gelten. Geschäfte gibt es auf verschiedenen Ebenen, nur muß das Geschäft so betrieben werden, wie es von vornherein als Ziel festgelegt worden ist.

Zehn Maximen für den Erfolg

① Das Normale und Vernünftige zuerst tun, also marktgängige Produkte herstellen, sich um sein Management kümmern, sein Personal und seine Kunden, schauen, daß die Kasse stimmt – kurz: do the obvious, back to basics.

② Die Auswahlkriterien für das Management verändern, also neben professionellen Kenntnissen müssen verlangt werden: Kreativität, Engagement, aufgaben- statt karriere- und machtorientiert, Mut und Nerven.

③ Das Erkennen der Bedeutung der untersten Führungsschicht, denn sie repräsentiert das Unternehmen. Deshalb: menschen- und produkt- statt systemorientiert.

④ Langfristig denken ist besser als kurzfristig Vorteile wahrnehmen, und wichtig ist richtiges Timing, also Schnelligkeit statt Perfektion der Entscheidung, wobei drei Phasen zu beachten sind, nämlich
- früher erkennen, was notwendig ist, sodann die
- Entscheidungsprozesse beschleunigen und schließlich
- rasches Durchsetzen der Entscheidungen.

⑤ Nüchternes Einschätzen von Rationalisierungsmöglichkeiten und deren konsequente Durchsetzung.

Schnellere Strukturanpassung von Wachstum und Beschäftigung. Keine Erhaltungssubventionen und konsequente Anpassung der Arbeitskräfte an neue Gegebenheiten, und zwar sowohl regional als auch beruflich. Kostensenkungen sind zu sehen als Möglichkeiten zu längerfristigem Denken und zur Bereitstellung von Mitteln für zukunftsorientierte Investitionen.

⑥ Neben der Innovation die Renovation nicht vergessen. Außerdem: Innovation gilt nicht nur für die Produkte, sondern auch für das Management, die Führung, die Organisation.

⑦ Kommunikation, als Mittel zum Zweck, ist zunehmend wichtig. Grundsätzlich bleiben natürlich Handeln und Fakten aussagekräftiger als bloße Worte.

⑧ Gutes Sozialklima: ja – friedliche Idylle: nein!

⑨ Neue Form des Führungsstils und des Umganges mit den Mitarbeitern – »Management commitment« und »Employee involvement«.

⑩ Wichtigste Führungsmaxime bleibt die Glaubwürdigkeit, das Übereinstimmen von Reden und Handeln.

Wenn es sich hier auch nicht um zehn Gebote, auch nicht unbedingt um Grundsätze, sondern eher um zehn Anregungen handelt, so sei in diesem Zusammenhang unser Altmeister Konrad Adenauer zitiert: »Die Zehn Gebote sind deshalb so klar und eindeutig, weil sie nicht erst auf einer Konferenz beschlossen wurden.«

Helmut Maucher
Vom Allgäu nach Vevey

Von Dr. Hans Ziegler

Daß er einmal Chef des weltgrößten Nahrungsmittelkonzerns sein würde, hat seine Eltern hoffentlich nicht zu sehr enttäuscht. Wenn es nach ihnen gegangen wäre, hätte Helmut Maucher sicherlich einen bodenständigen Beruf ergreifen sollen, so wie es sich für einen Allgäuer Bub gehört.

Im Allgäu ist Helmut Maucher 1927 geboren und auch aufgewachsen. Während seine Vorfahren allesamt einfache Leute, nämlich Handwerker und Bauern, waren, träumte er in seiner Jugend immer davon, eines Tages Landrat zu werden. Im Laufe der Jahre wurde der Wunsch deutlicher, berufliche Möglichkeiten wahrzunehmen, die im Dorfe nicht gegeben waren. Die Eltern unterstützten seinen Entschluß und haben ihm alle nur denkbare Ermutigung bei der Verfolgung seiner Ziele zuteil werden lassen.

Zunächst blieb er aber noch im heimatlichen Dorf und besuchte dort die Volksschule. Seinem damaligen Dorflehrer, Herrn Maichel, verdanke er sehr viel. Er vermochte es nicht nur, den Unterrichtsstoff anschaulich und einprägsam darzustellen, sondern vermittelte den Schülern schon damals Lebenserfahrungen, von denen alle später profitierten. Viel wichtiger für Helmut Mauchers weiteren Lebensweg war aber die Tatsache, daß Herr

Maichel ihn an die Musik heranführte und ihm somit ganz neue Dimensionen eröffnete. Der junge Maucher lernte Geige und spielte später außerdem noch Klarinette in der kleinen Dorfkapelle. Durch die Musik (er liebt Mozart, Bach und Vivaldi) wurde er damals auch in seinem Heimatort mit seiner späteren Frau bekannt, mit der er seit 39 Jahren verheiratet ist und drei erwachsene, gutgeratene Söhne hat.

Alle seine Vorfahren, obgleich sie einfachen Verhältnissen entstammten, waren gute Schüler und sehr weltoffen. Auch er setzte diese Familientradition fort. Nach fünf Jahren Volksschule stand für ihn fest, daß er das Realgymnasium besuchen wollte. Gute Schüler vom Land wurden in damaliger Zeit in aller Regel in die Hitlerschen Aufbauschulen, eine Art Internat, gesteckt. Da sein Vater aber gegen diese Schulen war, setzte er durch, daß der Sohn die nächstgelegene Oberschule in Isny besuchen durfte. Trotz der Strapazen, die der tägliche Schulweg bereitete, ist Helmut Maucher seinem Vater noch heute dankbar dafür.

Nach dem Krieg wechselte er auf das Rupert-Ness-Gymnasium in Wangen. In dieser Nachkriegszeit lebte man in äußerst bescheidenen und ärmlichen Verhältnissen. Trotz der schwierigen Zeiten mag er nicht von sich behaupten, unglücklich oder gar unzufrieden gewesen zu sein.

Auch in jener Zeit begegnete er eindrucksvollen und persönlichkeitsprägenden Menschen. Zu ihnen zählt Pater Reinhard Kempter, mit dem er nach dem Krieg Literatur gelesen und darüber diskutiert hat, die in der Zeit des Nationalsozialismus verboten war. Durch den Einfluß des Paters wurde Helmut Maucher damals von einem Leseeifer gepackt, dem er bis heute anhängt.

Im Jahr 1948 bestand er das Abitur, das damals an seiner

Schule noch in der strengen Form des französischen Bakkalaureats abgehalten wurde. Dann stellte sich für ihn die Frage, welchen Beruf er ergreifen sollte. Nachdem Ende 1947 ein Regierungsdirektor in seiner Abiturklasse eine Berufsberatung durchgeführt hatte und zu dem Schluß kam, daß wissenschaftlich Ausgebildete in Deutschland aufgrund der Nachkriegszustände keine Zukunft hätten, beschloß er eine kaufmännische Lehre bei Nestlé in Eisenharz zu machen. Nach Abschluß der Lehre wurde er in die deutsche Nestlé-Zentrale nach Frankfurt versetzt. Parallel zu seiner beruflichen Tätigkeit nahm er das betriebswirtschaftliche Studium an der Johann-Wolfgang-Goethe-Universität auf, das er 1958 erfolgreich als Diplomkaufmann abschloß.
Seinen weiteren beruflichen Werdegang möchte ich nur kurz skizzieren: Unternehmerischen Schliff holte sich Helmut Maucher am International Management Development Institute (IMEDA) in Lausanne. 1963 wurde er Marketing-Chef der deutschen Nestlé und später Leiter der neuen Nestlé-Tochter Findus und Jopa. Nach der Fusion dieser Gesellschaft mit Unilever, war er von 1970 bis 1972 als Geschäftsführer der GEG (Großeinkaufsgenossenschaft der deutschen Konsumgenossenschaften) in Hamburg tätig. Er folgte dann aber dem Wunsch von Nestlé, wieder zurückzukommen und wurde zunächst Vorsitzender des Vorstandes der Allgäuer Alpenmilch AG in München. 1975 wurde er Chef der gesamten deutschen Nestlé-Gruppe, 1980 Generaldirektor und Mitglied des Exekutivkomitees in der Nestlé-Konzernleitung in der Schweiz. Ein Jahr später wurde Helmut Maucher zum Delegierten des Verwaltungsrates gewählt, und seit 1990 ist er zugleich auch Präsident des Verwaltungsrates der Nestlé AG in Vevey.

»Ich möchte alle jungen Menschen, die möglichst schnell Karriere machen wollen, davor warnen, ihr ganzes berufliches Handeln einzig und allein daraufhin auszurichten, was der Karriere dienlich sein könnte. Die Berufswelt zeigt immer wieder, daß diejenigen, die nicht ständig nur an ihre Karriere denken, sondern sich ganz den beruflichen Anforderungen und Aufgaben verpflichten, es beruflich sehr viel weiter bringen als die Karrierebeflissenen«, meint Helmut Maucher.

Ein weiteres Erfolgsrezept seiner beruflichen Karriere: Trotz der hohen Anforderungen, die täglich an ihn gestellt werden, steht er nie unter Streß und bewahrt auch in kritischen Situationen die Ruhe. Das sind die besten Voraussetzungen, den anstrengenden Beruf seelisch verarbeiten und über Jahre durchhalten zu können. Sicherlich hilft ihm dabei auch seine Familie, denn dort findet er alle Unterstützung und Verständnis für seine Tätigkeit, die ihn zeitlich natürlich stark in Anspruch nimmt. In der verbleibenden Freizeit widmet er sich seiner Familie, beschäftigt sich mit allen Fragen, die die Welt bewegen und hat Freude an klassischer Musik.

Obwohl er die Hälfte des Jahres beruflich umherreist, ist er im Grunde ein bodenständiger Mensch geblieben. Die Weltoffenheit, die Maucher in seiner Position mitbringen muß, und seine Heimatverbundenheit sind für ihn keine unvereinbaren Gegensätze, sondern gehen eine harmonische Verbindung ein.

Das ganze Leben betrachtet er als Einheit – eine Einheit von Berufs- und Familienleben. Er kann die Menschen nicht verstehen, die ihren Beruf nur als Mittel oder Instrument ansehen, um ihr Privatleben zu optimieren. Er ist der Meinunyg, daß nur derjenige, der das Berufs-

und Familienleben harmonisch in Einklang bringt, in seinem Leben wirklich glücklich werden kann. So hat er sein Berufsleben immer verstanden.

Ich habe diese persönlichen Anmerkungen Mauchers Buch nachgestellt, damit sich der Leser wenigstens in groben Zügen ein Bild von seiner Person machen kann. Zwar hat ihn das amerikanische Wirtschaftsmagazin »Fortune« zu einem der besten Manager Europas gewählt, aber über den Privatmann Maucher ist wenig bekannt. Er taucht nicht in den Klatschspalten der Boulevardpresse auf und meidet den Jet-set. Gleichwohl ist er gesellig und durchaus kein »Kind von Traurigkeit«. Das macht ihn sympathisch und glaubwürdig. Kein Wunder, daß führende Politiker seinen Rat suchen und schätzen.

Der »hoffentlich am besten bezahlte Gastarbeiter der Schweiz« (Maucher über Maucher) spielt in seiner kargen Freizeit (»leider nicht besonders gut«) Golf, weil er diesen Sport »zeitlich unabhängig und bis ins hohe Alter betreiben« kann und das gemeinsam mit seiner Frau. Außerdem läuft er Ski, insbesondere in den alljährlichen Weihnachtsferien mit der Familie im Allgäu.

Im Gespräch gab er mir dann einen Schlüssel zum annähernden Verständnis seiner Persönlichkeit, nämlich den Hinweis auf das Sonett »Natur und Kunst« von J. W. von Goethe. Es sei dem Leser nicht vorenthalten:

Natur und Kunst sie scheinen sich zu fliehen,
Und haben sich, eh man es denkt, gefunden;
Der Widerwille ist auch mir verschwunden,
Und beide scheinen gleich mich anzuziehen.

Es gibt wohl nur ein redliches Bemühen!
Und wenn wir erst in angemeßnen Stunden

Mit Geist und Fleiß uns an die Kunst gebunden,
Mag frei Natur im Herzen wieder glühen.

So ist's mit aller Bildung auch beschaffen:
Vergebens werden ungebundne Geister
Nach der Vollendung reiner Höhe streben.

Wer Großes will, muß sich zusammenraffen;
In der Beschränkung zeigt sich erst der Meister,
Und das Gesetz nur kann uns Freiheit geben.

Register